Die Grenzstreitigkeiten

nach

deutschem bürgerlichen Rechte

auf

historischer Grundlage

unter besonderer Berücksichtigung des preußischen Rechtes

dargestellt von

Dr. Franz Hoeniger.

Berlin 1901.

J. Guttentag, Verlagsbuchhandlung,

G. m. b. H.

Herrn Kammergerichtsrat L. Busch

in dankbarer Verehrung

dargebracht.

Inhaltsverzeichnis.

Kapitel V.
Die Grenzscheidungsklage.

§ 1.

Einleitung.

Grenze,[1] lateinisch finis, bedeutet den Punkt oder auch die Punkte, in denen die Enden mehrerer Gegenstände an einander stoßen. Weiter bedeutet Grenze die Linie, welche diese Punkte mit einander verbindet. Und da in der Regel von Grenzen nur mit Beziehung auf Liegenschaften gesprochen wird, so versteht man unter Grenze die Linie, welche die Endpunkte mit einander verbindet, in denen zwei oder mehrere Grundstücke auf einander stoßen.

Mannigfach sind die Formen, in denen diese Linie als Grenzzeichen auf der Erdoberfläche in Erscheinung tritt. Hierher gehören Grenz-Hügel, Wege, Raine, Felsen, Bäume, Mauern, Steine, Pfähle, Säulen, Zäune, Hecken, Plancken u. s. w. Nach der Beschaffenheit dieser Formen unterscheidet man natürliche und künstliche Grenzzeichen (termini naturales, artificiales). Fehlen physische Grenzzeichen, so ist die Grenze jene mathematische Linie, durch die wir die Grundstücke verschiedener Eigentümer auf der Erdoberfläche von einander geschieden denken.

Die Feststellung, Erhaltung und Sicherung der Grenzen dient nicht allein dem privaten Nutzen der in Betracht kommenden Grundeigentümer. Sie liegt im öffentlichen Interesse und bildet eine bedeutsame Aufgabe des Staates.[2] Mit der Sicherung der Grenzen ist die Integrität, die sichere Bewirtschaftung und der unbehelligte Besitzstand der Grundstücke auf das innigste verbunden. Die Grundbücher, auf denen das moderne Liegenschaftsrecht beruht,

---

[1] Vgl. Weiske, Rechtslexikon IV S. 880 fg.

[2] Motive zum I. Entw. eines B.G.B. III S. 268, 270.

setzen feste, erkennbare und anerkannte Grenzen voraus. Nach dem durch Abgrenzung ermittelten Flächeninhalt bemißt und veranlagt der Staat die Grundsteuern.

Der Bedeutung der Grenzen entspricht ihre Geschichte. Von der Sage sind sie umwoben, mit Heiligkeit ausgestattet.[3] Die Sicherung des Grenzfriedens bildet eine der vornehmsten Aufgaben der ältesten Gesetzgeber.[4] Grausame Strafe droht dem, der den Grenzfrieden freventlich stört.[5] Immer neue Formen schafft das Recht, um der Grenzerhaltung zu dienen. Von Solon und den XII Tafeln führt eine lange Kette von Gesetzen und Rechtsverordnungen durch den Lauf der Jahrhunderte bis in unsere Tage. Das Grenzrecht des B.G.B. ist von ältestem Herkommen. Nur wenn man seiner geschichtlichen Entwickelung nachgeht, eröffnet sich sein Inhalt und seine Bedeutung.

---

[3] Termine, vel lapis, tu quoque numen habes. Ovid, Fasten II.

[4] Vgl. lex Dei sive Mosaic. et Roman. leg. collatio Tit. XIII Cap. I. Moyses dicit: non transmovebis terminos proximi tui, quos constituerunt patres tui, vel principes possessionis tuae, vgl. ferner l. 13 D. fin. regund. X, 1, wo Solon als Vater einer Bestimmung des Grenzrechts bezeichnet wird.

[5] Vgl. Tit. D. de termino moto XLVII, 21. Lex Wisigothorum, lib. X. tit. 3 de terminis et limitibus. Lex Bajuwariorum tit. XI de terminis ruptis. Edictum Rotharis Cap. CCXL—CCXLV. Sachsenspiegel, Landrecht, Buch III Art. 20, 86. Schwabenspiegel, Landrecht Cap. CCXXXII. Constitutio Criminalis Carolinae Art. CXIV 2c.

I. Abschnitt.

Geschichtliche Grundlagen.

Kapitel I.

Das Gemeine Recht.

§ 2.

Römisches Recht.

A. Quellen: a) Die XII Tafeln bei Bruns, fontes iuris Romani antiqui edit. VI (1893) Bd. I S. 15 fg.

b) Cicero, de legibus liber I bei Huschke, iurisprudentiae anteiustinianae quae supersunt. edit. V. (1886) S. 19 fg.

c) Die Schriften der römischen Feldmesser und anderer nicht juristischen Schriftsteller, auszugsweise bei Bruns, fontes. Bd. II.

d) Codex Theodosianus finium regundorum II, 26. Ausgabe von Haenel, „Codices Gregorianus, Hermogenianus, Theodosianus" (1842).

B. Litteratur: Duranton, cours de droit civil 3e Edit. (1834) S. 81. Puchta, Kleinere Civilistische Schriften (1837) § 21 S. 347 fg. Wiederhold, „Bemerkungen über die actio finium regundorum" in Linde's Zeitschrift für Civilrecht und Prozeß. Bd. XIII S. 35—66 (1839). Sternberg, „Einiges über die actio finium regundorum" ebendaselbst Bd. XVII (1842) S. 426—439. Rudorff, „Über die Grenzscheidungsklage" in der Zeitschrift für geschichtliche Rechtswissenschaft Bd. X (1842) S. 343—437. Puchta, Kursus der Institutionen 2. Auflg. (1846) Bd. II § 234 S. 602—610. Hoffmann, „Über das Wesen der actio finium regundorum, namentlich in ihrem Unterschiede von der rei vindicatio" im Archiv für zivilist. Praxis Bd. XXXI (1848) S. 493—534. Hoffmann, „In welchen Fällen und unter welchen Voraussetzungen tritt eine adiudicatio bei der actio finium regundorum ein?" ebendaselbst Bd. XXXV (1852) S. 350 fg. Karlowa, Beiträge zur Geschichte des Römischen Civilprozesses, „Geschichte der actio finium regundorum“ (1865) S. 140—162. Bekker, die Aktionen I (1871) S. 235 fg. Rönnberg, „Die Grenzscheidungsklage nach Römischem und Gemeinem Rechte“ im Archiv für bürgerl. Recht Bd. XI (1899) S. 119—179.

In Latium waren die ländlichen Grundstücke durch einen 5 bis 6 Fuß breiten[1] Grenzrain von einander getrennt,[2] zu dessen Herstellung jeder Nachbar $2^1/_2$ Fuß Breite unbeackert lassen mußte.[3] Ob dieser Grenzraum als res publica dem Privateigentume entzogen war,[4] oder ob er nur die Sicherheit und Kunde der Grenze aufrecht erhielt und einen Pfad und Raum zum Ausackern der Furche und zur Umkehr des Pflugs verschaffte,[5] ist bestritten. Jedenfalls knüpfte an diese Grenzscheide eine Bestimmung, welche für das römische Grenzrecht maßgebend wurde. Die XII Tafeln[6]

---

[1] Je nach lokaler Gewohnheit. Vgl. Puchta Instit. S. 607 Note p. Agennius Urbicus, Feldmesser im 5. Jahrhundert n. Chr. in Frontin. (Bruns, fontes Bd. II S. 91 Note 5) „de fine enim lex Mamilia quinque aut sex pedum latitudinem praescribit, quoniam hanc latitudinem vel iter ad culturas accedentium occupat, vel circumactus aratri, quod usucapi non potest.“

[2] Puchta, Inst. S. 607. Hoffmann XXXI S. 499. 507. Karlowa S. 147—148. Rönnberg S. 129. Dagegen Rudorff S. 362—368.

[3] „dupondium et semissem unaquaeque pars agri finem pertinere patitur.“ Frontinus, Feldmesser 40—103 n. Chr. bei Rudorff S. 349 cit. vgl. Karlowa S. 147—148.

[4] Dirksen Zeitschrift für geschichtl. Rechtswissenschaft Bd. II S. 413. Dagegen Rudorff S. 357 ff. Karlowa S. 149.

[5] Puchta Inst. S. 607. Karlowa S. 147—148, vgl. dazu Agennius Urbicus in Anmerkung 1.

[6] Die Rekonstruktion siehe bei Bruns Bd. I S. 26: Tabula VII, 4. Cicero (de legibus 1, 21, 55) usus capionem XII tab. intra V pedes esse noluerunt. 5. a. SI. JURGANT. b. Cicero (de legibus 1, 21, 55): controversia est nata de finibus, in qua, . . . e XII tres arbitri fines regemus. Vgl. ferner Cicero de legibus I, 18 (Huschke S. 37) . . . ex hac autem non rerum, sed verborum discordia controversia est nata de finibus; in qua, quoniam usum capionem duodecim tabulae intra quinque pedes esse noluerunt, depasci veterem possessionem Academiae ab hoc acuto homine non sinemus, nec Mamilia lege singuli, sed e XII tres arbitri finis regemus. Frontinus de controversiis agrorum (Bruns Bd. II S. 91): materiae controversiarum sunt duae: finis et locus; — genera sunt controversiarum XV. 2) de rigore controversia est, — quotiens inter

ordneten nämlich an, daß die häufigen Grenzstreitigkeiten, die sich lediglich auf den Grenzrain bezogen (iurgia de fine),[7] in summarischem Verfahren durch 3[8] kunstverständige arbitri[9] lediglich nach den Regeln der Grenzscheidekunst geschlichtet werden sollten. Der tiefere Sinn dieser Anordnung lag darin, daß die Grenzbezeichnung von Alters her in höchst geheimnisvoller Weise erfolgte, so daß ihre Klarlegung und Wiederherstellung nur den Eingeweihten möglich war.[10] In diesem außerordentlichen Verfahren der XII Tafeln ward deshalb mit Vorbedacht die Grenztechnik an Stelle von Gesetz und Recht gesetzt. Die Berufung auf die Ersitzung des streitigen Grenzstücks wurde ausgeschlossen.[11]

Im Anschluß an das Grenzrecht der XII Tafeln unterschied die Praxis die iurgia de fine von allen anderen Grenzstreitigkeiten, den controversiae de loco.[12] In den controversiae de loco, in denen

duos pluresve terminos ordinatos, sive quae alia signa, secundum legem Mamiliam intra quinque pedes agitur. 3) de fine similis est controversia; — nam et eadem lege continetur et de quinque pedum agitur latitudine.

7 Nonnius Marcellus, Grammatiker aus der 2. Hälfte des 3. oder dem Anfange des 4. Jahrhunderts, Verfasser des lexikalischen Werkes: „compendiosa doctrina per litteras“ definiert (Bruns, fontes II S. 66): „Jurgium levior res est, si quidem inter benevolos aut propinquos dissensio vel concertatio iurgium dicitur: inter inimicos dissensio lis appellatur. M. Tullius de re publ. III.: ‚admiror nec rerum solum sed verborum etiam elegantiam: ‚si iurgant‘, inquit: benevolorum concertatio, non lis inimicorum, iurgium dicitur‘. Et in sequenti: ‚iurgare igitur lex putat inter se vicinos, non litigare.‘“

8 Die Zahl 3 mag sich darauf zurückführen lassen, daß jede Partei einen Schiedsrichter und der Richter den Obmann ernannte. Rudorff S. 345.

9 „arbitri“ von ar und bitere: „Umgänger“, was auf Lokalbesichtigung hindeutet. So Rudorff S. 345.

10 Rudorff S. 429 fg. Also schon damals spielte das sog. „Geheimnis der Märker“ eine Rolle.

11 Vgl. Rudorff S. 354 fg.; dagegen Karlowa S. 151.

12 l. 60 pr. D. de V S. 4, 16 (Ulpianus) „Locus est non fundus, sed portio aliqua fundi; ‚fundus‘ autem integrum aliquid est, et plerumque sine villa ‚locum‘ accipimus; ceterum adeo opinio nostra et constitutio locum a fundo separat, ut et modicus locus possit fundus dici, si fundi animo eum habuimus, non etiam magnitudo locum a fundo separat, sed nostra affectio . . .“ Frontinus, de controversia agrorum Bruns Bd. II S. 92): 4) „de loco controversia est, cum quid excedit

ein größeres Areal als der fünf Fuß breite Grenzraum das Streitstück bildete, waltete der ordentliche Richter nach Gesetz und Recht seines Amtes. Agrimensoren[13] durften nur als Sachverständige zu Rate gezogen werden. Materiellrechtlichen Einreden, insbesondere der Berufung auf Ersitzung ward Gehör gegeben.[14]

Eine lex Mamilia unbekannten Alters[15] änderte an diesem Rechtszustande nur das eine, daß sie an Stelle der tres arbitri der XII Tafeln einen arbiter setzte. Im Übrigen blieb das alte Recht die Jahrhunderte der Republik hindurch bis in das Zeitalter der klassischen Juristen hinein bestehen. Es blieb bestehen allen wirtschaftlichen und politischen Änderungen der Zeit zum Trotz, von denen gleich die Rede sein wird. Ja, durch Ausdehnung der alten Feldordnung auf ganz Italien dehnte sich das römische Grenzrecht über die gesamte Halbinsel aus.[16]

Erst die spätere Kaiserzeit brachte rechtliche Neuerungen. Einmal war durch den Untergang des alten Gerichtswesens das Bedürfnis entstanden, die Grenzstreitigkeiten der neuen Gerichtsverfassung anzupassen. Sodann drängten die wirtschaftlichen Bedürfnisse immer stärker nach einer Reform der veralteten Feldordnung. Die Zunahme der Bevölkerung hatte die Forderung einer intensiveren Bebauung des Grund und Bodens nach sich gezogen. Der 5 Fuß breite Grenzsaum wurde als Bodenverschwendung empfunden.[17] Und ganz allmählich brachten die wirtschaftlichen Forderungen auch

---

supra scriptam latitudinem, cuius modus a petente non proponitur". (Diese Definition schließt sich an die beiden in Anmerkung 6 mitgeteilten an.)

13 Über den Grund siehe Hyginus, Landmesser z. Zt. Trajans. Constabit tamen, res magis esse iuris, quam nostri operis, quoniam saepe usucapiantur loca, quae biennio possessa fuerint .... Argumentum itaque prudentiae est, non professionis." [Citiert nach Rudorff S. 359.]

14 Siehe Rudorff S. 358 fg.; Puchta Inst. S. 606.

15 „Namentlich wissen wir nicht, ob die lex Mamilia über die Aufhebung der Legisaktionen durch die lex Aebutia hinaufreicht, oder umgekehrt das Mamilische Gesetz durch die Notwendigkeit hervorgerufen ist, die wegfallende feierliche arbitrorum postulatio in einer andern zeitgemäßeren Form festzuhalten." Rudorff S. 347.

16 Hat die lex Mamilia die summarischen Grenzscheidungen auf die Provinzen ausgedehnt? Darüber siehe Rudorff S. 347 fg.

17 So lösen sich vielleicht die von Rudorff S. 362 angeregten Bedenken.

den uralten materiellen Rechtszustand ins Wanken. Der fünffüßige Grenzrain ward nicht mehr allerorten beobachtet.[18] Er geriet in Vergessenheit. War hiermit die thatsächliche Unterlage für die Unterscheidung der iurgia de fine und der controversiae de loco weggefallen, so erschien es auch aus politischen Rücksichten angebracht, in den Grenzscheidungsprozessen die Beachtung von Recht und Gesetz hinter technische Fragen zurücktreten zu lassen. Die Rücksicht auf die ungehinderte Ausdehnung der Militärkolonien mochte hierbei stark ins Gewicht fallen. War man doch eifrig bestrebt, diese Kolonieen unter Verletzung der Rechte benachbarter Gemeinden auszubreiten.[19] So erklärt sich das Bestreben, das summarische Verfahren vor dem Mensor mit seinen technischen, nur dem Mensor bekannten Geheimnissen[20] auf alle Grenzstreitigkeiten auszudehnen. Die Unterschiede der controversiae de loco und der iurgia de fine verwischten sich mählich.[21]

Mit der Minderung der alten Grenzsicherheit begannen indessen die Grenzstreitigkeiten sich zu mehren. Die jähe Zunahme dieser Prozesse mag Constantin (331)[22] zu dem Versuche veranlaßt haben, das alte Recht mit Modifikationen, die sich aus dem Wegfall des ordo iudiciorum privatorum ergaben, wieder herzustellen. „Nur wenn das bestrittene Stück nicht über 5 Fuß in der Breite betrage, solle ein Kunstverständiger als Richter bestellt werden; der Prozeß über ein größeres Stück müsse als Eigentumsstreit be-

---

[18] Siculus Flaccus, Landmesser z. Zt. Trajans de condic. agror. bezeichnet eine Phase dieser Entwickelung mit folgenden Worten: „illud vero invenimus aliquibus locis, ut inter arva vicini arceantur confundere fines eoque usque aratrum perducere, ut in finibus solidam marginem non reliquant, quod discerni possint fines. [Citiert nach Puchta, Inst. S. 607 Anm. o.]

[19] Vgl. Rudorff S. 431.

[20] Für die Militärkolonien fiel auch ins Gewicht, daß der Mensor römischer Beamter, ja häufig selbst Militärperson war. Rudorff S. 412—422.

[21] Siehe Puchta S. 608.

[22] l. 3. C. Theod. finium regundor. II, 26: „si finalis controversia fuerit, tunc demum arbiter non negetur, cum intra quinque pedes locum, de quo agitur, apud Praesidem esse constiterit: cum de maiore spatio causa quaedam, non finalis, sed proprietatis, apud ipsum Praesidem debeat terminari.“

handelt und von dem Präses selbst entschieden werden" verordnete der Kaiser. Allein die Zeitströmung war mächtiger denn der Kaiser. Man mochte die Abstellung der prozessualen Verschiedenheiten auf den in Vergessenheit geratenen fünffüßigen Grenzsaum unbegründet finden. Auch schien es, wie angeführt, politisch vorteilhafter, Grenzstreitigkeiten nach technischen Regeln durch den Kunstverständigen schlichten zu lassen. Kurz, schon der Kaiser Valentinian II. (385)[23] hob, den Forderungen der Zeit nachgebend, das Constantinische Gesetz auf, führte für jeden Grenzstreit, welchen Umfang sein Objekt auch haben mochte, Kunstverständige als Richter ein und schloß gleichzeitig bei allen Grenzprozessen die Berufung auf Ersitzung aus. An diesem Rechtszustande hielt die Folgezeit fest, nachdem ein letzter Versuch des Kaisers Theodosius (392),[24] im Anschluß an Constantin, das alte Recht wiederherzustellen, fehlgeschlagen war. Die Grenzstreitigkeiten beherrscht der Agrimensor. Die Beobachtung von Recht und Gesetz weicht den Regeln der praktischen Geometrie, eine gefährliche Entwickelung, die wohlerworbene Rechte schutzlos ließ, „und das Verbrechen der gewaltsamen Grenzverwirrung stillschweigend für straffrei erklärte."[25]

---

[23] l. 4. C. Theod. finium regundor. II, 26: „Quinque pedum praescriptione submota, finalis iurgii vel locorum libera peragatur intentio. Salva sit igitur huiusmodi litibus una praescriptio, quae improbi petitoris refrenare possit invidiam, si veteribus signis limes inclusus finem congruum erudita arte praestiterit. Nec vero prolixioris temporis in huiusmodi iurgiis locum habebit ulla praescriptio, cum diuturno otio alienum rus quisquam asserat se diligentius coluisse: quando omne huiusmodi iurgium solo praecipimus iure discingii, quo artis huius peritis omne commisimus sub fideli arbitratione iudicium."

[24] l. 5. C. Teod. finium regundorum II, 26: „Cunctis molitionibus et machinis amputatis, finalibus iurgiis ordinem modumque praescripsimus: ac de eo tantum spatio, hoc est pedum quinque, qui veteri iure praescripti sunt, sine observatione temporis arbitros iussimus iudicare. Quodsi loca in cotroversiam veniant, solemniter iudices recognoscent; et seu civilis seu criminalis actio competet, tribuetur ita, ut causa cognita, et redhibitioni obnoxius decernatur, nec poenam convictus effugiat."

[25] Rudorff S. 402 fg.

Den Abschluß der Entwickelung führte Justinian herbei.[26] Bei ihm macht sich gegen die übermäßige Betonung der Grenztechnik im Gegensatze zum Recht eine gesunde Reaktion geltend. In allen Grenzprozessen (actiones finium regundorum) entscheidet nach Justinian im ordentlichen Verfahren nach Recht und Gesetz der ordentliche Richter. Feldmesser finden nur als sachverständige Berater des Gerichts Beachtung. Materiell rechtliche Einwendungen sind im Grenzprozeß zugelassen. Nur der Usucapionseinwand ist beschränkt auf die Einrede der außerordentlichen Ersitzung. So erscheinen iurgium de fine und controversia de loco in eigenartiger Weise mit einander verquickt und zu einem eigenartigen, neuen Rechtsgebilde umgeformt.[27]

---

[26] l. 5. C. finium regundorum III, 36. „Quinque pedum praepcriptione submota, finalis iurgii vel locorum libera peragatur intentio."

l. 6. C. eod. „Cunctis molitionibus et machinationibus amputatis decernimus, in finali quaestione non longi temporis sed triginta tantum modo annorum praescriptionem locum habere."

Vgl. auch l. 1. § 1. C. de annali exceptione VII, 40: „nemo itaque audeat, neque actionis familiae herciscundae, neque communi dividundo, neque finium regundorum .... vitam longiorem esse XXX annis interpretari."

Glück. Pandektenkomm. X S. 438 fg.; Rudorff, S. 405 fg.; Puchta, Inst. S. 604 fg.; Hoffmann, XXXI S. 509.

[27] Die Darstellung folgt der herrschenden Meinung, die auf den Arbeiten von Rudorff und Puchta beruht. Dagegen schon früher Karlowa (1865) und neuerdings Rönnberg (1896). Karlowa behauptet, die controversia de loco sei immer als rei vindicatio behandelt worden, so daß bei ihr die Adjudikationsbefugnis, wie sie dem Mensorrichter in der controversia de fine zustand, wegfiel. Rönnberg stellt die Ansicht auf, daß die controversia de fine Streitlosigkeit der Grenze voraussetze, wogegen die controversia de loco ein Streit sei, bei welchem der Grenzzug unter den Parteien nicht feststehe, vielmehr erst innerhalb des streitigen Raumes von mehr als fünf Fuß ermittelt werden müsse. Gemeinsam sei beiden Controversen der Gegenstand des Streits, das finem regere worin R. im Anschluß an Wiederhold, Zeitschr. für Civilr. und Prozeß XIII S. 35 fg. den persönlichen Anspruch auf Grenzabmarkung erblickt.

Beide dissentierenden Autoren haben die herrschende Meinung nicht zu erschüttern vermocht. Vgl. Windscheid-Kipp, Pandekten (1900) Bd. II § 450. Hier, wo dem Zwecke der Arbeit entsprechend nur die Resultate der historischen Forschung darzustellen waren, ist deshalb auf ihre Ausführungen nicht näher eingegangen.

§ 3.

Deutsches Recht. Rezeption.[1]

A. Quellen: a) Corpus iuris Germanici antiqui von Walter, Berolini 1824:
b) lex Salica von J. Fr. Berend 2. Auflg. Weimar 1897.
c) Sachsenspiegel, Landrecht, herausgeg. von Weiske-Hildebrand 7. Auflg. Leipzig 1895.
d) Schwabenspiegel, Landrecht, herausgeg. von Gengler 2. Auflg. Erlangen 1875.

B. Litteratur: vacat.

Benutzt wurden: Heußler, Institutionen des Deutschen Privatrechts Bd. I (1885), Bd. II (1886). Brunner, Deutsche Rechtsgeschichte Bd. I (1887), Bd. II (1892). Schröder, Deutsche Rechtsgeschichte 2. Auflg. (1894).

Die gangbaren Hand- und Lehrbücher des Deutschen Privatrechts und der Deutschen Rechtsgeschichte von Eichhorn, Beseler, Gerber, Stobbe-Lehmann enthalten nichts.

Der Justinianische Grenzprozeß ist in Deutschland nahezu völlig recipiert worden.[2] Es mag dies wunderbar erscheinen, weil uraltes deutsches Grenzherkommen bestand, und gerade in Bezug auf das Grenzrecht die fortschreitende Rechtsentwicklung wenig auszurichten vermag gegen die Zähigkeit, mit der an dem lokal Hergebrachten festgehalten zu werden pflegt.[3] Es ist indes zu erwägen,

[1] Die Entwickelung ist noch wenig geklärt.

[2] Ebenso wie schon vorher das römische Recht seit Valentinian II. in die lex Wisigothorum (506) übergegangen war. Vgl. Lex Wisigoth. Buch X, Tit. III, Untertit. IV. Fls. Gls. Rcds. Rex.: „Si quis intra terminos alienos, per absentiam aut per ignorantiam domini, partem aliquam forte possederit: ita ut diuturna mansio, etiam in multo tempore inolita, vel amplius quam L annis hominum, partis eius habitatio, publice et immobiliter consistere aut permanere nullatenus comprobetur: statim cum per antiqua signa evidentibus inspectoribus [evidentia ab inspectoribus!] fines loci alterius cognoscuntur, amittat domino reformandam. Nec contra signa evidentia debitum dominium ullum longae possessionis tempus excludat: sed hoc si ex his contendentibus unius possessoris sive auctorum eius dominium reperiatur advenisse postremum. Nam si tanta tempora excesserint, ut nec ipsi nec auctores eorum noverint, cuius primum aut dominium aut possessio fuit: sed nec per testem aut per scripturam potuerit postremus possessor ostendi: quia dubium primae possessionis patet iudicium, unusquisque quod possidet, irrevocabiliter possidebit" (Walter S. 625).

[3] Motive zum I. Entw. eines B.G.B. III S. 269.

daß in Deutschland infolge der uralten Feldgemeinschaft Privateigentum am Grund und Boden sich erst um die Wende des 7. Jahrhunderts entwickelt hatte. So[4] waren noch der lex Salica (450 –486 n. Chr.) Immobiliarprozesse und Immobiliarexekutionen jeder Art fremd. Auch ein Zusatzkapitulare, wahrscheinlich von Chlodovech herrührend, sieht die Feldmark des Dorfes (villa) noch als ungeteiltes Ganzes an, wobei denn die Grenzen der einzelnen Ackerfelder mehr als Besitz denn als Eigentumsgrenzen erschienen.[5] Selbst die lex Alamannorum (730) behandelte den Streit über die Flurgrenze zweier Dörfer noch als öffentliche Angelegenheit der beiden Nachbargemeinden; der Grenzprozeß bewegte sich ausschließlich zwischen diesen, die einzelnen Interessenten hatten keinen Teil daran.[6] So war denn in älterer Zeit ein privater Grenzstreit

---

[4] Das Nachfolgende bis zur Anmerkg. 6 nach Schroeder, S. 208 fg.

[5] Vergl. erstes salisches Capitulare zur lex Salica caput IX (Behrend S. 185): „De hominem inter duas villas occisum. Si quis adsallitur homo juxta villa aut inter duas villas proximas sibi vicinas et fuerit interfectus et homicida illa non appareat sic debet iudex hoc est comis aut grafio ad locum accedere et ibi cornu sonare. Et si non venerit qui corpus cognoscat tunc vicini illi in quorum campo vel exitum corpus inventum est debent facere bargo V pedes in altum et praesentia iudicis levare corpus. Et debet iudex nuntiare et dicere: homo iste in vestro agro vel in vestibulum est occisus. Contestor ut usque septem noctes non reponatur et de homicidium istud vos admallo ut in mallo proximo veniatis et vobis de lege dicatur quod observare debeatis“ . . . Brunner I, 195 Anm. 8 erklärt die Stelle im Gegensatze zu Schroeder daraus, daß die einzelnen Äcker nicht eingehegt waren, obschon sie rechtlich bereits Sondereigentum darstellten.

[6] Lex Alamannorum Tit. LXXXIV (85). „De his qui de terra sua inter se contendunt“ (Walter S. 226): „Si qua contentio orta fuerit inter duas genealogias de termino terrae eorum, et unus dicit: Hic est noster terminus, alius revadit in alium locum, et dicit: Hic est noster terminus, ibi praesens sit Comes de plebe illa, et ponat signum ubi iste voluerit, et ubi ille alius voluerit terminum, et girent ipsam contentionem. Postquam girata fuerit, veniant in medium, et praesente Comite tollant de ipsa terra, quod Alamanni curffodi dicunt, et ramos de ipsis arboribus infigant in ipsam terram quam tollunt, et illae genealogiae quae contendunt levent illam terram praesente Comite, et commendent in sua manu: ille involvat in fanone, et ponat sigillum, et commendet fideli manu usque ad statutum placitum. Tunc spondeant inter se pugnam duorum. Quando parati sunt ad

unmöglich und damit die Entwicklung originärer Privatrechtsnormen ausgeschlossen. Später, als Privateigentum am Grund und Boden sich entwickelt hatte, waren bereits römische Rechtsanschauungen über den Grenzstreit vorherrschend geworden: augenscheinlich eine Folge der Ansiedelung germanischer Völkerschaften auf italienischem Boden und der damit verknüpften vielfachen Grenzstreitigkeiten mit römischen Privaten und Gemeinden. Ein schlagendes Beispiel für diese Entwickelung bietet die lex Bajuwariorum (vor 749).[7] Diese behandelt im Anschluß an die lex Wisigothorum (s. oben Anm. 2 dieses §) den Grenzprozeß zwar schon vom Standpunkte des privaten Grenzstreits, indes völlig nach römischer Rechtsanschauung. Und zwar erfolgt nach der lex Bajuwariorum die Entscheidung in summarischem Verfahren durch Kunstverständige als Richter,[8] ebenso

---

pugnam, tunc ponant ipsam terram in medio, et tangant ipsam cum spatis suis, cum quibus pugnare debent, et testificentur Deum Creatorem ut cuius sit iustitia, ipsius sit et victoria; et pugnent. Qualis de ipsis vicerit, ipse possideat illam contentionem, et illi alii praesumptiosi, quia proprietatem contradixerunt, duodecim solidos componant.

Eine Nachwirkung der Auffassung, daß der Grenzprozeß Gemeindeangelegenheit sei, findet sich sogar noch im Sachsenspiegel Buch III A. 86: „Swer sîner gebûre gemeine ab eret oder grebet oder zûnet, wirt her vor deme gebûrmeistere dar umbe gerûget oder beclâget, her muz dar umbe gewetten drî schillinge; weigert aber her rechtes vor deme gebûrmeistere unde wirt her beclaget vor deme oberste richtêre, her muz deme richtêre gewetten und den gebûren mit drîzig schillingen gebûzen, und ire gemeine wider lâzen. § 2. Zû der selben wîs bezzert ein gebûrschaft der anderen mit drin schillingen und gilt in iren schaden, ab man si den umbesêzen beclaget als man durch recht sal; weigern aber sie dâr rechtes und werden sie vor deme obersten richtêre beclaget, ir gebûrmeister mûz vor sie alle wetten ein gewette den gebûren mit drîzig schillingen bûzen und iren schaden gelden."

7 Brunner I S. 317.

8 Lex Bajuwarior Tit. XI, Kap. III „de contentione terminorum" (Walter S. 274): „I. Quotiens cumque de terminis fuerit orta contentio, signa quae antiquitus constituta sunt oportet inquirere, id est, aggerem terrae, quem propter fines fundorum antiquitus apparuisset fuisse ingestum, lapides etiam quos propter indicium terminorum notis evidentibus sculptis constiterit esse defixos. II. Si haec signa defuerint, tunc in arboribus notas, quas decoreas vocant convenit observare, sed illas quae antiquitus probantur incisse. III. Quod si intra terminos alienos per absentiam aut per ignorantiam domini partem aliquam forte

wie es für das römische Reich durch die Verordnung Valentinian II. vom Jahre 385 (s. oben S. 14 Anm. 23) angeordnet worden war.

Auch die mittelalterlichen Land- und Stadtrechte haben einen nationalen Grenzprozeß nicht ausgebildet. Der Sachsenspiegel (1224—1235) beispielsweise kennt einen spezifischen Grenzprozeß überhaupt nicht.[9] Der Grenzstreit scheint vielmehr nach gemeinem Sachsenrecht in den Formen der clage ume gut verhandelt worden zu sein. Wenigstens deutet darauf der Art. 21 des III Buch: Ab zwêne man ein gut glîch ansprechen, woselbst es heißt: „Sprechen zwêne man zu widerstrîte ein gût an mit glîcher ansprâche, und daz mit glîchme zûge behalden, man sal ez under sie teilen. Diesen gezûg suln die rechten unbesêzen bescheiden, die in deme dorfe oder in dem nêhsten dorfe besezzen sîn; wer die meisten menie an deme zûge hât, der beheldet daz gût. § 2. En ist ez den umbesêzen nicht wizlich, wer ez in geweren habe, sô mûz man ez wol bescheiden mit eime wazzerurteile, oder der clêger und uffe den die clage gêt, suln dâ zû sweren, daz sie rechte wîsen, ob ez ir sie; dâr sal der richter sîne boten zû gebn; wâr sie beide ûf sweren, daz sal man in glîche teilen.“ Offenbar behandelt diese Stelle implizite auch den Grenzstreit. Bemerkenswert ist dabei indes nur die Maßgeblichkeit von Zeugen, die aus Erfahrung aussagen, während sonst das deutsche Recht nur Urkundszeugen Gewicht beimißt.

So fand das fremde Recht in einem Teile Deutschlands einen wohlvorbereiteten Boden, im andern Teile eine Lücke vor. Eine schnelle und völlige Übernahme war die Folge.[10]

---

possederit statim eam, cum antiqui et evidentes ab inspectoribus fines agnoscuntur, amittat domino reformandam, nec contra signa evidentia ullum longae possessionis tempus opponat. IV. Nisi comparavit ab aliquo, tunc venditorem ostendat, et secundum legem definiant.

[9] Ebensowenig der Schwabenspiegel. Dagegen enthält der Sachsenspiegel die berühmte Rechtsnorm über die gütliche Grenzabmarkung, welche für alle Folgezeit maßgebend wurde: Buch II, Art. 50: „Swer mâlboume oder marksteine sezet, der sal den dar an habe, der in der ander sît land hat. Swer sô zûnet, der sal die este kêren in sînen hof.“

[10] Im Gegensatz zu dem Mangel originärer Zivilrechtsnormen enthält das Deutsche Recht eine Fülle von Strafandrohungen gegen den, der ruchlos den

§ 4.

Fortentwickelung in Deutschland.[1]

A. Quellen: D X, 1; C III, 39 finium regundorum. Ausgabe von Mommsen, Krüger, Berlin 1882, 1884.

B. Litteratur: Glück, Pandektenkommentar Bd. X S. 422—466 (1808). Thibaut, System des Pandektenrechts. 7. Ausg. (1828) II. Bd. § 576 S. 21. Sintenis, Das praktische Gemeine Zivilrecht 2. Auflg. (1861) II. Bd. § 122 S. 722 fg. Vangerow, Pandekten 7. Auflg. Bd. III (1869) § 658. Brinz, Pandekten 2. Auflg. (1873) Bd. I § 177. Arndts, Pandekten 13 Auflg. (1886) § 321 S. 631 fg. § 162 N. 2 f. S. 299. Hesse, „Die Rechtsverhältnisse zwischen Grundstücksnachbarn" 2. Auflg. 1880 S. 484—498. Windscheid, Pandekten 7. Auflg. (1891) Bd. II § 450 S. 627. Baron, Pandekten, 8. Auflg. (1893) § 305 S. 543—545. Dernburg, Pandekten 4. Auflg. (1894) Bd. I § 229 S. 546—548; § 129 S. 306. Windscheid-Kipp, Pandekten 8. Auflg. (1900) Bd. II § 450 S. 884 fg.

Siehe ferner die Litteratur zu § 2, namentlich die Abhandlung von Rönnberg.

Die gemeinrechtliche Doktrin hat sich mit der praktisch so wichtigen Grenzscheidungsklage vielfach beschäftigt. Nach mehrfachen

---

Sonderfrieden der Grenze stört. Vgl. Edictum Rotharis Kap. CCXL-CCXLIV, Lex Wisigoth. lib. X, tit. III „de terminis et limitibus." Lex Bajuw. Tit. XI „de terminis ruptis." Sachsensp. Landr. Buch III Art. 20. 86, Schwabensp. Landr. Kap. CCXXXII. Const. Crimin. Carol. Art. CXIV u. s. w.

[1] Die Darstellung folgt auch hier der herrschenden Meinung. Gegen dieselbe ist bereits früher (1839) von Wiederhold ausgeführt worden, daß die Grenzscheidungsklage wesentlich auf Abmarkung gerichtet sei und nur möglicher Weise auch auf Grenzberichtigung gehe. Neuerdings (1896) ist dieser Gedanke mit eigenartiger historischer Begründung (siehe oben § 2 Anm. 27) von Rönnberg aufgenommen und in einer lesenswerten Abhandlung ausgeführt worden. Rönnberg erblickt in der actio finium regundorum eine persönliche Klage auf Grenzabmarkung, eine Ergänzung der dinglichen Reivindikation. Die Zeit des Erscheinens dieser Abhandlung — sie fällt mit der Vorlage des Entwurfs eines B.G.B. beim Reichstage zusammen — läßt es erklärlich erscheinen, daß sie in Litteratur und Praxis keine nachhaltige Wirkung mehr hinterlassen konnte. Es ist deshalb die nachfolgende Darstellung der Resultate von Praxis und Wissenschaft des Gemeinen Rechts, wie sie der Entwurf eines B.G.B. vorfand, nicht auf Rönnberg's Arbeit basiert worden.

Schwankungen[2] hat die herrschende Meinung[3] in dem Grenzscheidungsprozesse eine Abart des Eigentumsstreits, der Reivindikation erblickt. Denn wie die rei vindicatio, so ist nach der herrschenden Ansicht die actio finium regundorum im Endresultat entweder auf Anerkennung des Eigentums eines Landstreifens oder auf Herausgabe dieses Landstreifens seitens des unberechtigten Besitzers an den nicht besitzenden Eigentümer gerichtet. Indessen ergeben sich bei der Grenzscheidungsklage Besonderheiten. So ist die Klage nur möglich zwischen Grundstücksnachbaren um einen an der Grenze belegenen Landstreifen.[4] So läßt sich das Prozeßobjekt nicht mit Sicherheit als das Eigentum des einen oder anderen Nachbarn nachweisen. Infolgedessen scheinen die streitenden Parteien sich bezüglich des Streitgegenstandes in einer zufälligen Gemeinschaft zu befinden, aus der sich nach den Regeln der Gemeinschaft persönliche Verbindlichkeiten ergeben.[5] Aus dem gleichen Grunde hängt es von der Prävenienz ab, welcher von beiden Grundstücksnachbaren im Prozesse die Rolle des Klägers oder des Beklagten führt.[6] Die Reivindikation erscheint also hier in eigentümlicher Weise mit ihr fremden, obligatorischen Elementen versetzt und infolgedessen als keine rein dingliche Klage (actio in rem), son-

---

[2] Siehe Glück S. 421. Thibaut S. 21.

[3] Puchta Klein. civ. Schr. S. 347 fg. Rudorff S. 389. Puchta Inst. S. 603. Karlowa S. 142 fg.; 160 fg. Hesse S. 489, 494. Windscheid § 450 Anm. 2. Baron S. 544. Dernburg S. 546; teilweise abweichend: Wiederhold S. 56 fg. Hoffmann XXXI S. 518—521. Anders: Rönnberg S. 161 fg., 172 fg.

[4] l. 4. D. h. t. (Paulus.) „Hoc iudicium locum habet in confinio praediorum rusticorum."

[5] l. 2. § 1 eod. (Ulpianus,) „Judici finium regundorum permittitur, ut ubi non possit dirimere fines, adiudicatione controversiam dirimat." l. 3. (Gajus.) „Quo casu opus est, ut ex alteruterius praedio alii adiudicandum sit, quo nomine is cui adiudicatur in vicem pro eo quod ei adiudicatur certa pecunia condemnandus est."

[6] l. 13. D. de iudiciis V, 1. (Gajus.) „In tribus istis iudiciis familiae erciscundae, communi dividundo et finium regundorum quaeritur quis actor intellegatur, quia par causa omnium videtur, sed magis placuit eum videri actorem qui ad iudicium provocasset." l. 14. (Ulpianus.) „Sed cum ambo ad iudicium provocant, sorte res discerni solet."

dern als ein iudicium duplex et mixtum, tam in personam, quam in rem.[7]

Im Einzelnen ergeben sich aus dieser eigentümlichen Versetzung des Eigentumsprozesses mit obligatorischen Bestandteilen die nachfolgenden Besonderheiten. Es muß indessen darauf hingewiesen werden, daß die herrschende Meinung diese Consequenzen mit Rücksicht auf die Bestimmungen der neuen R.C.P.O. einer erneuten Prüfung nicht mehr unterworfen hat.[8]

I. Ist die Grenze gewiß und unbestritten, so giebt es keine Klage auf bloße Abmarkung (Verlagung, Versteinung).[9]

Wissen dagegen beide Nachbaren die wahre Grenze nicht anzugeben (objektive Grenzverwirrung),[10] oder behaupten sie eine bestimmte aber von einander abweichende Grenzlinie, oder behauptet der eine eine bestimmte[11] Grenzlinie, während der Gegner sie bestreitet, ohne indes eine andere als richtig angeben zu können (subjektive Grenzverwirrung), so findet die actio finium regundorum Anwendung.[12]

---

[7] l. 1. D. h. t. (Paulus.) „Finium regundorum actio in personam est, licet pro vindicatione rei est." l. 10. eod. (Ulpianus.) „Judicium communi dividundo, familiae erciscundae, finium regundorum tale est, ut in eo singulae personae duplex ius habeant agentis et eius quo cum agitur." § 20. J. de act. IV, 16: „Quaedam actiones mixtam causam optinere videntur tam in rem quam in personam qualis est . . . finium regundorum . ."

[8] Den Anfang damit hat Rönnberg gemacht (S. 251 fg.). Er gelangt deshalb vielfach zu abweichenden Resultaten.

[9] A. A. freilich Wiederhold S. 35 fg. und Rönnberg S. 252. Gegen sie die gemeine Meinung: Sternberg S. 426. Hoffmann XXXI S. 496. Vangerow III § 658 Anm. 3. Brinz I S. .709 Hesse S. 491. Arndts § 321 S. 631. Dernburg S. 548. Erk. d. App. Ger. Celle 28. V. 1871, Seuffert's Archiv XXVI Nr. 14 S. 20.

[10] Nach Rönnberg (S. 256 fg.) muß der Kläger stets eine bestimmte Grenzlinie als die richtige anführen.

[11] Je nachdem eine bestimmte Grenzlinie vom Kläger in Anspruch genommen oder nur auf Auseinandersetzung verworrener Grenzen geklagt wurde, unterschied man in der älteren gemeinrechtlichen Doktrin zwischen actio finium regundorum qualificata und simplex. Praktische Konsequenzen hatte die Unterscheidung nicht. Glück S. 451.

[12] Weiß jemand die wahre Grenze seines Grundstücks anzugeben und kann

In diesem Prozesse führt jede Partei die Rolle des Klägers und des Beklagten.[13] Jede ist zum Beweise berechtigt und thatsächlich zur Beweisführung genötigt.[14] Eine Klagabweisung findet nicht statt. Das Urteil muß den Grenzstreit durch Feststellung der wahren Grenze schlichten.[15] Bleibt der Kläger beweisfällig, so ergeht das Urteil auf ein minus oder aliud.[16]

II. Die Klage ist nur zulässig in Betreff **benachbarter ländlicher Grundstücke verschiedener** Eigentümer. Nicht als benachbart gelten ländliche Grundstücke, wenn sie durch einen öffentlichen Fluß oder Weg getrennt sind.[17] Bei städtischen Grundstücken ist die Klage ausgeschlossen.[18] Befinden sich die Nachbaren im ge-

---

er sein Eigentum bis zu der von ihm behaupteten Grenzlinie nachweisen, so steht ihm die rei vindicatio zur Seite. Buddeus in Weiskes Rechtslex. S. 900. Sintenis II S. 722 Anm. 45. Hesse S. 494. Erk. des Ob.-Trib. Berlin vom 24. I. 1860, Seufferts Archiv Bd. XIV Nr. 29 S. 41; dess. Gerichts vom 19. XII. 1865. Seuffert Bd. XXIII Nr. 26 S. 43, 44; dess. Gerichts vom 31. V. 1877. Seuffert Bd. XXXIII Nr. 289 S. 397.

13 l. 10. D. h. t. citiert in Anm. 7. A. A. Rönnberg S. 264 und die Mehrzahl der Prozessualisten u. a. Seuffert, Komm. zur C.P.O. zu § 279 ä. F. Gaupp, Komm. zu § 279 ä. F., weil nach den Grundsätzen der R.C.P.O. die Duplicität einer Klage von dem Erfordernis eines Antrages und einer Widerklage seitens des Beklagten nicht befreie.

14 Erk. des Ober.-Trib. Berlin vom 19. XII. 1865 bei Seuffert Bd. XXIII Nr. 26 S. 43, 44. A. A. Rönnberg (S. 268): weil der direkte Grund der beiderseitigen Beweispflicht, die Klägerstellung beider Parteien mit den Grundsätzen des heutigen Prozeßrechts unvereinbar sei.

15 A. A. Hoffmann XXXI S. 520 und Rönnberg S. 258 fg. Gegen sie vgl. Erk. des Ob.-Trib. Berlin vom 24. I. 1860 bei Seuffert, Arch. Bd. XIV Nr. 23 S. 41, sowie das in Anm. 9 citierte Erkenntnis des App.-Ger. Celle; ferner Hesse S. 494, 495.

16 Vgl. die in Anm. 14 cit. Entscheidung des Ob.-Trib. Berlin.

17 l. 4. D. h. t. (Paulus): „Sive flumen sive via privata intervenit, confinium non intellegitur, et ideo finium regundorum agi non potest." l. 5. (Idem) „quia magis in confinio meo via publica vel flumen sit quam ager vicini." l. 6 (Idem) „sed si rivus privatus intervenit, finium regundorum agi potest."

18 Der Erfahrungssatz, daß bei aneinandergrenzenden Gebäuden die Grenze nicht wohl zweifelhaft sein kann, ist also hier ohne tieferen Grund zu einer Rechtsregel verdichtet: l. 12. pr. D. h. t. (Ulpianus): „Haec actio pertinet ad praedia rustica, quamvis aedificia interveniant: neque enim multum interest, arbores quis in confinio an aedificium ponat." l. 4. § 10 h. t.

meinschaftlichen Eigentume, oder ist der Eigentümer des einen Grundstücks auch Eigentümer (oder auch nur Miteigentümer) des andern, so ist die Klage nicht anwendbar.[19]

Im Anschluß an Vorschriften des kanonischen Rechts über die Grenzen zweier Diözesen[20] ist die Klage auf Streitigkeiten über die Grenze von Berechtigungen ausgedehnt. (Gerichtsbarkeit, Zehntrecht, Bannrecht, Jagdrecht, Servituten.)[21]

(Paulus): „Hoc iudicium locum habet in confinio peaediorum rusticorum: nam in confinio praediorum urbanorum displicuit, neque enim confines hi, sed magis vicini dicuntur et ea communibus parietibus plerumque disterminantur.“ Arndts § 321 S. 631. Windscheid S. 627 Anm. 1. Dernburg S. 546, 547. Erk. des App.-Ger. Celle vom 26. V. 1871 bei Seuffert XXVI Nr. 14 S. 20—21. A. A. Rönnberg: die heutige Praxis habe die Klage auf Grenzstreitigkeiten über alle Grundstücke ausgedehnt.

Einen Sinn und Zweck hat die Regel nur bei Gebäuden mit Grenzwänden. Vgl. R.G. III. C. S. Erk. vom 27. X. 1899. Entsch. in Civils. Bd. XXXXIV S. 167.

19 l. 4. D. h. t. (Paulus): „Si communem fundum ego et tu habemus et vicinum fundum ego solus, an finium regundorum iudicium accipere possumus? et scribit Pomponius non posse nos accipere, quia ego et socius meus in hac actione adversarii esse non possumus, sed unius loco habemus, idem Pomponius non utile quidem iudicium dandum dicit, cum possit, qui proprium habeat vel communem vel proprium fundum alienare et sic experiri.“

20 Cap. 3. X. de probat. II, 19. „Ex litteris tuis intelleximus, te et Archidiaconum confines habere praebendas in villis, quas singuli singulas possidetis, et praetextu terminorum inter vos controversiam agitari, eo quod dicas cum antiquos fines egressum, partemque tui fundi occupasse: illo in contrario asserente, se partem eandem fundi possedisse, quadraginta annorum spatio incusse: tu autem quod per idem tempus quiete illam possederis asseveras: quare utrum incumbat petitori vel possessori probatio, quaesivisti. Ad quod scire debes, quod iudicium finium regundorum tale est, ut in eo utraque persona vices duorum habeat, videlicet actoris et rei. Unde hinc inde testes produci possunt ad cognitionem iudicis instruendam: quibus exanimatis, iudex quos praecellere intellexerit, ad fidem sibi faciendam admittat. Quod si ambarum partium testes sint aeque idonei, possessoris testes praeferentur, cum promptiora sunt iura ad absolvendum, quam ad condemnandum.“ Sternberg S. 438. Holzschuher, Theorie und Casuistik des Gem. Civilr. (1863—1864) II, 1 S. 129 Nr. 19. Hesse S. 492.

21 Auf welche Berechtigungen die Klage auszudehnen ist, darüber herrscht allerdings Streit. Vgl. das in Anm. 9 cit. Erkenntnis des App.-Ger. Celle,

III. Partei im Grenzscheidungsprozesse sind nicht allein die Eigentümer der Grundstücke. Auch die Nutzungsberechtigten (Nießbraucher, Pfandgläubiger), der Emphyteuta[22] und der bonae fidei possessor sind aktiv und passiv zur Führung des Grenzprozesses legitimiert.[23] Die Klage gilt nämlich gleichsam als inter ipsos fundos verhandelt, so daß die Klagberechtigten nur als Vertreter des fundus auftreten.[24]

IV. Die actio finium regundorum ist insofern der Verjährung unterworfen, als sie hinsichtlich eines Landstreifens, den die eine Partei 30 Jahre besessen hat, nicht mehr gestattet ist.[25]

V. Die ältere gemeinrechtliche Doktrin wertete die Beweismittel nach ihrer Autorität. Künstliche Grenzzeichen hatten vor natürlichen, Urkunden in der Regel vor Zeugen den Vorzug.[26]

---

wo die Befugnis des Zehntherrn zur Anstellung der Grenzberechtigungsklage gegen Besitzer zehntpflichtiger Grundstücke verneint wird. Ebenso ist streitig, ob die Inhaber der servitutes rusticae diese Klage dem dominus praedii servientis gegenüber haben: dafür Sternberg; dagegen Hesse.

22 Der Superficiar nicht, denn er ist nur an einem praedium urbanum dinglich berechtigt.

23 l. 4. § 9. D. h. t. (Paulus): „Finium regundorum actio et in agris vectigalibus et inter eos qui usum fructum habent vel fructuarium et dominum proprietatis vicini fundi et inter eos qui iure pignoris possident competere potest." l. 5. § 2. D. arborum furtim caesarum XLVII, 7. (Paulus): „Is, cuius usufructus est in fundo, hanc actionem (a. f. c.) non habet; qui autem fundum vectigalem habet, hanc actionem habet, sicut aquae pluviae arcendae actionem et finium regundorum." Windscheid S. 628. Rönnberg S. 176. Erk. des App.-Ger. Celle, citiert in Anm. 9. A. A. Dernburg § 229 S. 547: Die dinglich Berechtigten können nur den Umfang ihres Rechts durch die Grenzscheidungsklage feststellen lassen.

24 l. 4. § 5. D. h. t. (Paulus) „. . . quoniam magis fundo quam personis adiudicari fines intelleguntur."

25 C. 1. § 1. C. de annali except. VII, 40. l. 6. C. h. t. cit. in § 2 Anm. 27. Hesse S. 493. Arndts S. 632, 299. A. A. Rönnberg S. 272: Die Grenzfeststellungsklage unterliegt keiner Verjährung, da mit ihr ein verjährbarer Anspruch nicht geltend gemacht wird.

26 l. 11. D. h. t. (Papinianus): „In finalibus quaestionibus vetera monumenta, census auctoritas ante litem inchoatam ordinati sequenda est" . . . . l. 11. D. de probationibus et praesumptionibus XXII, 3 (Marcellus): „Census et monumenta publica potiora testibus esse senatus censuit." siehe ferner l. 12. D. h. t.; c. 1 u. 2. C. h. t. Diese Vorschriften sind

VI. Aufgabe des Richters ist es, die wahre Grenze zu ermitteln. Zu diesem Zwecke ist er auf die Beweismittel der Parteien nicht beschränkt, darf vielmehr ex officio Augenschein einnehmen und Sachverständige hören.[27]

Ist die wahre Grenze nicht zu ermitteln, so entscheidet — nach der Praxis im Gegensatze zur Doktrin — der nachgewiesene Besitzstand.[28] Ist auch ein solcher nicht zu ermitteln, so teilt der Richter das streitige Landstück als res communis unter die Parteien (adiudicatio).[29] Solche Teilung wirkt konstitutiv. Sie begründet Eigentum.[30]

---

seit Inkrafttreten der R.C.P.O. (§ 14 Ziff. 2 u. 3 Einf.-Ges.), wie allgemein anerkannt ist, obsolet geworden.

[27] l. 8 §. 1. D. h. t. (Ulpianus): „Ad officium de finibus cognoscentis pertinet mensores mittere et per eos dirimere ipsam finium quaestionem ut aequum est, si ita res exigit, oculisque suis subjectis locis.“ § 185. C.P.O. ält. Fass.

[28] Vgl. c 3. § 1. C. h. t. „Si quis super iuris sui loci prior de finibus detulerit quaerimoniam, quae proprietatis controversiae cohaeret, prius super possessione quaestio finiatur et tunc agrimensor ire praecipiatur ad loca, ut patefacta veritate huius modi litigium terminetur.“ u. c. 3 X. de prob. II, 19 in Anm. 20 cit. Erk. des Ob.-App.-Ger. Kiel vom 9. I. 1861 bei Seuffert, Arch. XIV Nr. 136 S. 219—222; Erk. des Ob.-App.-Ger. Berlin vom 19. XII. 1868 bei Seuffert, Arch. Bd. XXIII Nr. 129 S. 206; Erk. desselben Gerichts ohne Datum bei Seuffert, Arch. Bd. XXIV Nr. 215 S. 335—336, ebenso Dernburg S. 548 Anm. 15. Rönnberg S. 267 fg. Dagegen Rudorff S. 363 fg. Puchta, Inst. S. 604. Hoffmann XXXI S. 514 fg. Windscheid § 450 Anm. 4 u. 10. Baron S. 544.

[29] l. 2. § 1. D. h. t. (Ulpianus): „Judici finium regundorum permittitur, ut ubi non possit dirimere fines, adiudicatione controversiam dirimat: et si forte amovendae veteris obscuritatis gratia per aliam regionem fines dirigere iudex velit, potest hoc facere per adiudicationem et condemnationem.“ Rudorff S. 377, 378. Hoffmann S. 512—514. Vangerow § 658. Hesse S. 495. Arndts S. 632. Windscheid S. 627. Baron S. 544. Dernburg S. 548. A. A. Rönnberg S. 166—172: Der Richter adiudiciert nur was anerkannter- oder festgestelltermaßen dem einen Nachbarn gehört. Im Übrigen tritt Adjudikation nur dann ein, wenn der Örtlichkeit wegen eine zweckentsprechende Vermarkung der eigentlichen Grenze nicht vorgenommen werden kann. [Siehe Anm. 31, 32.]

[30] Gajus IV, 42 (Huschke S. 359.). Adiudicatio est ea pars formulae, qua permittitur iudici rem alicui ex litigatoribus adiudicare, velut si . . . inter vicinos finium regundorum: nam illic ita est: Quantum Adiudicare

Die Adjudikationsbefugnis des Richters greift aber noch weiter. Selbst wenn die Grenze ermittelt ist, darf ihr der Richter eine andere Richtung geben, falls dies um der Sicherheit der Grenze willen zweckmäßig erscheint.[31] Wer dabei weniger Areal erhält als ihm nach der früheren Grenze gebührt, ist vom Gegner mit Geld zu entschädigen (condemnatio).[32]

VII. Das Urteil beschränkt sich nicht auf Grenzfeststellung und evtl. konstitutive Landzuteilung. Es verurteilt auf Antrag der Parteien jede von ihnen zu Nebenleistungen, wie Ersatz von Unkosten oder Schäden, Herausgabe gezogener Früchte u. s. w., je nachdem die neue Grenze ergiebt, daß die eine Partei auf Kosten der andern etwas lukriert hat.[33]

Oportet, Iudex, Cui Oportet, Adiudicato.“ Ulpianus XIX, 16 (Huschke S. 593.). „Adiudicatione dominium nanciscimur . . per formulam . . finium regundorum, quae est inter vicinos, nam si iudex uni ex . . . vicinis rem aliquam adiudicaverit, statim illi adquiritur, sive mancipi, sive nec mancipi sit.“ § 7. J. de off. jud. IV, 17: „Quod autem istis iudiciis (fin. reg.) alicui adiudicatum sit, id statim eius fit, cui adiudicatum est.“ A. A. Rönnberg: Das heutige Prozeßrecht kennt keine konstitutiven Urteile mehr.

[31] § 6. J. de offic. iudicis IV, 17: „Si finium regundorum actum fuerit, dispicere debet iudex, an necessaria sit adiudicatio, quae sane uno casu necessaria est, si evidentioribus finibus distingui agros commodius est, quam olim fuissent distincti: nam tum necesse est ex alteruterius agro partem aliquam alterius agri domino adiudicari, quo casu conveniens est, ut is alteri certa pecunia debeat condemnari, eo quoque nomine damnandus est quisque hoc iudicio, quod forte circa fines malitiose quid commisit, verbi gratia quia lapides finales furatus est aut arbores finales cecidit. Hoffmann XXXI S. 511. Siehe auch oben Anm. 29.

[32] Siehe § 6. J. IV, 17 cit. in Anm. 31 und § 3. D. h. t. cit. in Anm. 5 dieses Paragraphen.

[33] l. 4. § 1. D. h. t. (Paulus): „In iudiciis finium regundorum etiam eius ratio fit quod interest, quid enim si quis aliquam utilitatem ex eo loco percepit, quem vicini esse appareat? non inique damnatio eo normine fiet, sed et si mensor ab altero solo conductus est, condemnatio erit facienda eius, qui non conduxit, in partem mercedis post litem autem contestatam etiam fructus venient in hoc iudicio: nam et culpa et dolus exinde praestantur, sed ante iudicium percepti non omnimodo hoc in iudicium venient: aut enim bona fide percepit, et lucrari eum oportet, si eos consumpsit, aut mala fide, et condici oportet. Vgl. dazu Windscheid § 450 Anm. 8. Hesse S. 496, 497.

VIII. Da sich actio finium regundorum und rei vindicatio in ihren Zielen berühren, so kann, wenn einmal eine bestimmte, durch eine der beiden Klagen angeregte Frage entschieden ist, diese Frage nicht mehr auf dem Wege der andern Klage zur Entscheidung gebracht werden. Es steht die exceptio rei iudicatae entgegen.[34]

Kapitel II.

Das Preußische Recht.

§ 5.

Das Landrecht bis zum Inkrafttreten der Grundbuchordnung[1] vom 5. Mai 1872.

A. Quellen: A.L.R. Th. I Tit. 17 §§ 362—388 (Von Grenzscheidungen). A.G.O. Th. I Tit. 42. (Von Grenz- und Bausachen).

B. Litteratur: Bornemann, Systematische Darstellung des Preußischen Zivilrechts IV Bd. (1836) § 286 S. 69—73. Koch, Lehrbuch des Preußischen Privatrechts 2. Auflg. (1852) Bd. II § 671 S. 447 fg. Koch, Allgemeines Landrecht, Kommentar zu Th. I Tit. 17 §§ 362 fg. S. 606 fg. (1853). Leonhard, „Über die Grenzscheidungsklage nach Preußischem Recht" bei Gruchot. Beiträge zur Erläuterung des Preußischen Rechts Bd. V (1861) S. 238—249. Förster, Theorie und Praxis des Preußischen Privatrechts 3. Auflg. (1874) Bd. III § 182 S. 274. Dernburg, Lehrbuch des Preußischen Privatrechts 1. Auflg. (1875) Bd. I § 216 S. 454—456. Rehbein und Reincke, Allgemeines Landrecht, Kommentar 1. Auflg. (1881) Zu Th. I Tit. 17 §§ 362—388 Bd. II S. 257 fg. Rehbein, Die Entscheidungen des vormaligen Preußischen Ober-Tribunals 1. Auflg. Bd. III (1891) S. 332—345. Engelmann, Preußisches Privatrecht 6. Auflg. (1896) S. 146 fg. Eccius-Förster, Preußisches Privatrecht 7. Auflg. Bd. III (1896) § 182 S. 329.

Das Landrecht handelt von den Grenzscheidungen im 5. Ab-

[34] So Hoffmann XXXI S. 521 fg. Dagegen Rönnberg S. 177, 178: Bei der fundamentalen Verschiedenheit der dinglichen Eigentumsklage und der persönlichen controversia de loco versteht es sich von selbst, daß die Anstellung und Durchführung der einen Klage nicht die exeptio rei iudicatae gegen Erhebung der andern Klage begründet.

[1] Die spätere Litteratur und Praxis ist bereits hier mitberücksichtigt. Die Übersichtlichkeit der Darstellung war dafür entscheidend.

schnitte des 17. Titels seines ersten Teiles. Es unterscheidet die Grenzerneuerung von der Grenzscheidung.[1a]

Der Grenzerneuerungsanspruch ist gegen die künftige Verdunkelung der Grenzen gerichtet und setzt voraus, daß die Grenze noch erkennbar und unstreitig ist (§ 387). Der Anspruch ist hier klagbar.[2]

Der Grenzscheidungsanspruch ist die actio finium regundorum im Sinne der herrschenden Lehre des Gemeinen Rechts. Er setzt bereits verdunkelte[3] (d. h. an hinlänglichen, von beiden Teilen dafür anerkannten Grenzmalen nicht mehr erkennbare [§ 375] und ungewiß gewordene [d. h. streitige, § 372]) Grenzen voraus.

Beide Aussprüche können miteinander in einer Klage verbunden werden (s. auch Anm. 6 ds. §).

Der Grenzregulierungsanspruch im Sinne des Allgemeinen Landrechts ist also gegen das Gemeine Recht erweitert: er umfaßt auch die Grenzabmarkungsklage.[4]

Während der Grenzabmarkungsanspruch ziemlich unbeachtet geblieben ist, hat sich die Forschung um so mehr der Grenzscheidungsklage zugewandt.

Die ältere landrechtliche Doktrin[5] erblickte den Charakter der

---

[1a] Siehe über den Unterschied: R.G. V C.S. vom 5. XI. 1898. Jur. Woch. 1898 S. 683 Nr. 75.

[2] Dagegen Eccius-Förster S. 330.

[3] Die Grenze ist verdunkelt a) wenn zwar früher richtige Grenzzeichen zwischen den Grundstücken vorhanden gewesen, diese aber nachher in Unordnung geraten sind (Ob.-Tr. 11. Juli 1876. Striethorst Archiv Bd. 99 S. 50, dieselbe Entsch. bei Rehbein III S. 335), bzw. wenn zwischen Grundstücken überhaupt kein erkennbarer Grenzzug mehr vorhanden ist (Ob.-Tr. vom 26. März 1867. Striethorst 49 S. 133), ferner b) wenn das von der einen Partei bezeichnete Grenzmerkmal von der andern Partei als solches nicht anerkannt wird (Ob.-Trib. vom 21. II. 1860. Striethorst Bd. 36 S. 254). c) Die Grenzverdunkelung wird dadurch nicht ausgeschlossen, daß der eine Nachbar das Grundstück bis zu einer bestimmten Stelle ruhig und ungestört besessen hat (Ob.-Trib. vom 12. Juli 1866. Striethorst Bd. 63 S. 293—294). d) Die Grenzscheidungsklage ist auch dann statthaft, wenn zwischen benachbarten Grundstücken eine Grenze überhaupt noch nicht vorhanden war (Ob.-Trib. 3. Juni 1869. Striethorst Bd. 75 S. 110.) Sämtliche Fälle entstammen der Praxis des II. Senats.

[4] Anders Leonhard S. 242.

[5] Koch, Privatrecht S. 448. Förster, Klage und Einrede § 96.

Grenzscheidungsklage — im Anschluß an die herrschende gemeinrechtliche Lehre — darin, daß sie lediglich eine Abart der Eigentumsklage darstelle. Koch (Privatrecht S. 448) hat dies dahin formuliert: Die Grenzscheidungsklage hat zwei verschiedene Eigenschaften. Hauptsächlich ist sie Vindikationsklage, wenn aber der Gegenstand durch Verdunkelung sich der Beweisführung entzieht, nimmt sie die Natur der Teilungsklage an.

Erst die Praxis des Königl. Preußischen Ober-Tribunals[6] hat mit dieser Auffassung gebrochen und die Unterschiede zwischen Eigentumsklage und Grenzscheidungsklage zum ersten Male scharf klargestellt. An dieser Unterscheidung hielt die spätere Doktrin[7] fest.

Die Unterschiede gehen dahin:

a) Die Grenzregulierungsklage kann der Natur der Sache nach nur bei Grundstücken die rei vindicatio sowohl bei diesen als auch bei beweglichen Sachen vorkommen.

b) Die rei vindicatio gründet sich darauf, daß der Kläger Eigentümer eines bestimmten Grundstücks sei, es kann sein, daß gleichzeitig auch die Grenzen dieses Grundstücks streitig sind. Für die rei vindicatio ist jedoch dieser Umstand unwesentlich und mithin rechtlich unerheblich. Der Vindikant hat nicht den Beweis der Grenzen seines Grundstücks, sondern des ihm an dem Grundstücke zustehenden Eigentumsrechts zu führen.

Die Grenzregulierungsklage setzt zwei benachbarte Grundstücke voraus. Bedingung ist, daß Kläger und Verklagter

---

[6] Vgl. Ob.-Tr. 2. S. vom 20. Septbr. 1855, Entsch. Bd. 31 Nr. 4 S. 25, 2. Sen. vom 24. Januar 1860, Striethorst Bd. 36, S. 160, 2. Sen. vom 26. März 1863, Striethorst Bd. 49, S. 135—136, 2. Sen. vom 19. Dezember 1865, Entsch. Bd. 56 Nr. 24 S. 152—153, 2. Sen. vom 4. Oktober 1866, Entsch. Bd. 57 S. 61—62; 2. Sen. vom 18. Juni 1872, Striethorst Bd. 84 S. 366—369. Ebenso scharf: R.G. vom 7. März 1881 N. 639/80 II. H. S. Jur. Woch. 1881 S. 70 und R.G. vom 13. Juni 1881 N. 859/80 II. H. S. Jur. Woch. 1881 S. 174. Schwankend dagegen wieder Ob.-Tr. 2. Sen. vom 27. Februar 1877 Entsch. Bd. 79 N. 30 S. 211: die Grenzregulierungsklage sei eine Verbindung der Vindikation mit der Gemeinheitsteilungsklage.

Mit der Vindikation kann aber die Grenzscheidungsklage verbunden werden. Ob.-Tr. 3. Sen. vom 10. April 1863. Striethorst Bd. 49 S. 146.

[7] Leonhard S. 241 fg.; Förster S. 274; Rehbein, Praxis des Ob.-Tr. S. 336—337, 340; Eccius-Förster S. 329—330; Engelmann S. 146.

Eigentümer der durch den beregten Grenzstreit berührten Grundstücke sind. Möglicher Weise kann auch bei einer solchen Klage ein Streit über das Eigentum selbst an den Grundstücken vorkommen. Allein ein solcher Streit bezieht sich nur auf die Legitimation der Parteien zur Sache. Er ist für die Grenzregulierungsklage an sich nicht wesentlich.

c) Die rei vindicatio hat das Eigentum an der Sache zum Gegenstande und erstreckt sich infolgedessen auch auf die Grenzen dieses Eigentums.

Die Grenzregulierungsklage hat die Grenzen der unbeweglichen Sache zum Hauptgegenstande und ist folgerecht auch von Einfluß auf den Umfang des Eigentumsrechts.[8]

Hiernach stellt sich nach Preußischem Rechte gegenüber dem Gemeinen Rechte die Grenzscheidungsklage als ein von der Eigentumsklage verschiedener, selbständiger Rechtsbehelf dar.

Die sich hieraus ergebenden Konsequenzen sind die folgenden:

I. In Betonung ihres selbständigen Charakters im Gegensatze zur Reivindikation hat die Klage die Natur als iudicium duplex beibehalten, desgleichen die hieraus resultierende doppelte Klägerstellung und die beiderseitige Beweispflicht.[9] Das Urteil muß die Grenze feststellen.[9a]

---

[8] Vgl. Erk. des R.G. II. H. S. vom 18. Juni 1881 N. 859/80. J. W. 1881 S. 174.

[9] Grenzscheidungs- und Eigentumsklage sind von einander durchaus verschiedene Klagen: Ob.-Tr. 2. Sen. vom 2. Juni 1864, Striethorst Bd. 64 S. 210; 2. Sen. vom 19. Dezember 1865, Entsch. Bd. 56 S. 148 fg.; 5. Sen. vom 5. Juni 1866, Striethorst Bd. 68 S. 203; 2. Sen. vom 24. Septbr. 1867, Striethorst Bd. 68 S. 187 fg.; 2. Sen. vom 11. Juli 1876, Striethorst Bd. 99 S. 55. fg.; R. G. II. H. S. vom 7. März 1881 N. 639/80. Jur. Woch. 1881 S. 70. Dernburg S. 454; Förster S. 274; Eccius-Förster S. 330.

Kläger liegt es nicht ob, seinen Antrag auf Festsetzung eines bestimmten, von ihm in der Klage anzugebenden, Grenzzuges zu richten. Ob.-Tr. 2. Sen. vom 19. Dezemb. 1865. Entsch. Bd. 56 S. 145 fg. etwas anders. R.G. V. C.S. vom 5. November 1898 Jur. Woch. 1898 S. 683 N. 78: Zur Substantiierung der Klage gehört Angabe eines bestimmten Grenzzuges. Der Mangel dieser Angabe kann aber nicht zu einer Abweisung der Klage angebrachtermaßen führen, da es Sache des Vorsitzenden ist, den Kläger zu einem sachgemäßen Antrage zu veranlassen. (!)

II. Die Klage ist auch in betreff aneinandergrenzender städtischer Grundstücke zulässig. Nur bei Gebäuden, die erkennbare Grenzen haben, findet sie aus diesem thatsächlichen Grunde keine Anwendung.[10]

III. Als Parteien treten lediglich die titulierten Besitzer und die Nutzungseigentümer, insbesondere der Lehnsinhaber[11] auf. (§ 372 I 17 A.L.R.)

Der einzelne Miteigentümer eines Grundstücks ist nicht klagberechtigt.[12] Ebensowenig andere am Grundstücke dinglich Berechtigte.[13]

Die Beweislast ist für beide Teile die gleiche. Ob.=Tr. 2. Sen. vom 24. Januar 1860, Striethorst Bd. 36 S. 160 fg., 2. Sen. vom 2. Juni 1864, Striethorst Bd. 54 S. 210 fg., 2. Sen. vom 25. Mai 1871, Striethorst Bd. 82 S. 176 fg.

[9a] Das Verfahren und die Entscheidung muß zur Wiederherstellung der richtigen Grenze und insoweit diese nicht zu ermitteln ist, zur Feststellung einer neuen Grenze führen. I. 13 §§ 29—30 A.G.O. Ob.=Tr. 2. Sen. vom 2. Juni 1864. Striethorst Bd. 54 S. 210; 2. Sen. vom 19. Dezember 1865, Entsch. Bd. 56 S. 152, 153; 2. Sen. vom 25. Mai 1871 Strieth. Bd. 82 S. 176 fg. R.G. II. H. S. vom 15. April 1880 N. 161/79. Jur. Woch. 1880 S. 156. R.G. II. H. S. vom 10. März 1881 N. 324/80. Jur. Woch. 1881 S. 70 R.G. V. C. S. vom 5. November 1898. Jur. Woch. 1898 S. 683 N. 75. Dernburg S. 454; Förster 274; Eccius=Förster S. 330.

[10] Ob.=Tr. 2. Sen. vom 19. Dzbr. 1865, Entsch. Bd. 56 S. 152, 153; 2. Sen. vom 19. November 1868, Striethorst Bd. 73 S. 114. Dernburg S. 456; Rehbein, Praxis S. 333; Eccius S. 329. Dagegen allerdings: Geh. Ob.=Tr. vom 20. Mai 1843, Entsch. Bd. 9 S. 200 und App.=Ger. Hamm vom 20. Januar 1862 bei Gruchot Bd. VII S. 382. Ebenso: Förster S. 274 und Leonhard S. 246, 247.

[11] Lehnsfolger (Agnaten) und Wiederkaufsberechtigte sind zu dem Verfahren monitorisch zuzuziehen. So Koch, Lehrb. S. 448; Förster S. 274; Rehbein=Reincke A. 91. Teilweise a. A. Dernburg S. 455 (nur Lehnsfolger). Ganz anders Eccius=Förster, der Nutzungseigentümer überhaupt nicht für sachlegitimiert erachtet: IV. S. 278 Anm. 78.

Die früher vorgeschriebene Zuziehung des Lehnsherrns und Obereigentümers ist durch Aufhebung des Obereigentums — unstreitig — obsolet geworden.

[12] Ob.=Tr. 2. Sen. vom 27. Febr. 1877. Entsch. Bd. 79 S. 207; 2. Sen. vom 16. April 1874, Striethorst Bd. 91 S. 211. R.G. bei Gruchot Bd. 26 S. 993. Rehbein=Reincke Anm. 86; Rehbein, Praxis S. 341 Anm. 1. Eccius=Förster § 182 Anm. 43.

[13] Ob.=Tr. 2. Sen. vom 4. Oktober 1866, Entsch. Bd. 57 S. 58 (Rehbein III S. 334); 2. Sen. vom 24. Juni 1869, Entsch. Bd. 62 S. 110 (Rehbein

IV. In ihrer Eigenschaft als selbständiger, von der Eigentumsklage durchaus unabhängiger Rechtsbehelf ist die Klage einer Verjährung überhaupt nicht unterworfen. (§§ 373, 374 I 17 A.L.R.)[14]

V. Als Beweismittel dienen Urkunden, insbesondere die Flur- und Lagerbücher (§ 377 l. c.), dann die Aufsuchung alter Grenzzeichen (§§ 367, 368, 378 l. c.), endlich die gewöhnlichen Beweismittel: Zeugenbeweis und Eidesdelation (§ 378 l. c.).

Ist ein Grenzgraben vorhanden und das gemeinschaftliche Eigentum davon unstreitig (I, 17 §§ 366 fg. A.L.R., s. aber auch § 188, I 8), so gilt die Mittellinie desselben als Grenzlinie (§ 366).[15]

VI. Findet sich keine Spur der alten Grenzlinie, so entscheidet der Richter den Streit durch Teilung des Streitstücks (§ 382 I, 17 A.L.R. I, 13 §§ 29—30 A.G.O.). Insoweit dadurch ein Teil Eigentum, das ihm bisher noch nicht zustand, erwirbt, wirkt das Urteil **konstitutiv**. Der Richter adjudiziert.[16]

Dagegen ist das freie richterliche Adjudikationsermessen des Gemeinen Rechts hier wesentlich beschränkt.[17]

Hauptsächlich entscheidet für die Teilung der ruhige Besitzstand.[18] Ist ungestörter Besitz nicht nachgewiesen, so wird vom

---

III S. 339). R.G. 2 H. S. vom 27. Oktober 1881 N. 507/80 II. Jur. Woch. 1881 S. 214. Ebenso **Koch** S. 448; **Leonhard** S. 246 Anm. 5; **Förster** S. 274; **Rehbein-Reincke** Anm. 86; **Eccius-Förster** S. 329. Dagegen: **Dernburg** S. 455 und **Engelmann** S. 147, die auch dinglich Berechtigte, insbesondere Nutznießer für klageberechtigt erachten.

[14] **Koch**, Lehrb. S. 449; **Leonhard** S. 246; **Förster** S. 274; **Dernburg** S. 454. **Eccius-Förster** S. 330 Anm. 100 „Ist dagegen ein wahrnehmbarer falscher oder wahrer Grenzzug vorhanden und das dadurch eingeschlossene Stück Boden ruhig besessen, so verjährt die Klage in 30 Jahren.“ **Koch**, Lehrb. S. 448; **Leonhard** S. 246; **Eccius-Förster** S. 330 A. 100.

[15] **Koch**, Lehrb. S. 448; **Leonhard** S. 244.

[16] **Koch**, Lehrb. II. S. 449, I. S. 482; **Leonhard** S. 245; **Förster** S. 274; **Dernburg** S. 455. A. A. **Eccius-Förster** S. 330 Anm. 99: „es stellt der Form nach vorhandenes Eigentum fest.“

[17] **Koch**, Lehrb. II S. 449; **Leonhard** S. 245; **Dernburg** S. 455 Anm. 7.

[18] **Ob.-Tr.** 2. Sen. vom 12. Juli 1866, **Striethorst**, Bd. 63 S. 293. Was

letzten unstreitigen Grenzzeichen bis zum nächsten eine gerade Linie gezogen. Weicht bei dem letzten Grenzzeichen der Grenzzug von der geraden Linie ab, und ist nur der wahre Punkt, bis wohin die Abweichung gegangen, unerweislich, so geschieht gleiche Teilung (§§ 379—382 I 17 A.L.R. I, 42 §§ 31, 32 A.G.O.).

VII. Die Nebenpunkte als Schadensersatz, Herausgabe gezogener Früchte widersprechen dem Charakter der Klage als eines selbständigen auf Ausmittelung der Grenze gerichteten Rechtsbehelfs und sind in einem besonderen Verfahren geltend zu machen (I 42 A.G.O.).

VIII. Die Rechtskraftwirkung des Urteils ist streitig.

Soviel steht allerdings durch die Praxis des Ober-Tribunals fest, daß, wenn die Grenzscheidungsklage zur Feststellung einer bestimmten Grenze geführt hat, die Eigentumsgrenze damit definitiv bestimmt ist.[19]

Ob indes die rechtskräftig abgewiesene rei vindicatio eine spätere actio finium regundorum unmöglich machte, beurteilt das Obertribunal nach jeder jedesmaligen konkreten Sachlage verschieden.[20]

---

ist ruhiger Besitzstand? Darüber siehe Ob.-Tr. 2. Sen. vom 5. April 1870. Striethorst Bd. 77 S. 302. Dem Worte ruhig ist nur die Bedeutung beizulegen, daß der Besitz bis zur Anstellung der Grenzscheidungsklage fortgedauert hat, von dem Besitzer nicht aufgegeben ist, nicht aber die Bedeutung des ruhigen Besitzes im Sinne des § 154 I, 7 A.L.R. für die Possessorienklage.

[19] Ob.-Tr. 3. Sen. vom 27. Septbr. 1861. Entsch. Bd. 46 S. 316 fg. und Striethorst Bd. 43 S. 119 fg., ebenso: Leonhard S. 248 und Eccius S. 330. Dagegen nur Förster S. 274: die Einrede der Rechtskraft greift nicht durch, da es sich bei Grenzscheidungsklage und Vindikation nie um eadem quaestio handelt.

[20] Ob.-Tr. 2. Sen. vom 9. Februar 1858, Entsch. Bd. 38 S. 379; 2. Sen. vom 29. April 1873 bei Striethorst Bd. 89 S. 55; 3. Sen. vom 19. Juni 1874, Entsch. Bd. 72 S. 191. R.G. vom 15. April 1880 N. 161/79 II. H., Jur. Woch. 1880 S. 156. Auch in der Theorie sind die Ansichten gespalten. Der Meinung Förster's ist bereits gedacht (Anm. 19). Leonhard lehrte: trotz rechtskräftiger Entscheidung des Eigentumsprozesses greife die Einrede der Rechtskraft gegenüber der Grenzscheidungsklage nicht durch und umgekehrt. Denn das Recht auf Grenzscheidung könne durch die Abweisung eines auf Restitution eines Landstriches gerichteten Anspruches nicht aufgehoben werden. Der Forderung des Klägers stehe aber res iudicata insoweit entgegen, als er die Ausdehnung seiner Grenze über das ihm abgesprochene Grundstück hinaus verlange.

§ 6.

Das Landrecht seit Inkrafttreten der Grundbuchordnung vom 5. Mai 1872.

A. Quellen: Siehe § 5.

B. Litteratur: Siehe § 5; ferner: Willenbücher, Das Preußische Grundbuchrecht in seiner gegenwärtigen Geltung 1. Auflg. (1882). Mathis, Die Preußischen Grundbuchgesetze 1. Auflg. (1884). Turnau, Die Grundbuchordnung vom 5. Mai 1872 4. Auflg. (1888).

Mit Inkrafttreten der Grundbuchgesetzgebung erhielt die preußische Rechtsentwickelung eine wesentlich andere Wendung. Die Grundbuchordnung vom 5. Mai 1872 hatte nämlich vorgeschrieben, daß alle selbständigen, in den Grundsteuerbüchern verzeichneten Grundstücke eine Aufnahme im Grundbuche finden sollten. (§ 1.) Gleichzeitig war die Zurückführung des Grundbuches auf das Kataster angeordnet worden.[1] (§ 4.) Diese wesentliche Neuerung, welche mit einem Male bewirkte, daß das Grundbuch jedes Bezirks[2] alle Liegenschaften innerhalb desselben nach Größe, Art und Lage wiedergab, wurde von großer Bedeutung für die Praxis. Die Praxis rechnete nämlich von nun an die thatsächlichen Angaben des auf das Kataster zurückgeführten Grundbuchs über Größe, Lage 2c. der Grundstücke zum Inhalte des Grundbuchs. Der öffentliche Glaube des Grundbuchs wurde auf diesen Inhalt erstreckt, und derjenige, welcher demnächst auf Grund einer Auflassung als Eigentümer eingetragen ward, für den Eigentümer aller Bestandteile des Grundstücks erachtet, welche sich aus dem Grundbuche bezw. dem Kataster ergaben.[3] Im Anschluß an diese Rechts-

---

[1] Vgl. Just.-Min.-Vfgn. vom 2. Septbr. 1872; 18. Novbr. 1876; 5. Juni 1877 und 11. Oktober 1877.

[2] Ausnahme machen nur die in § 2 G.O. bezeichneten Grundstücke.

[3] Ob.-Tr. 3. Sen. vom 6. Dezbr. 1875, Entsch. Bd. 76 S. 69 fg.; 3. Sen. vom 29. Septbr. 1876, Entsch. Bd. 78 S. 154 fg. R.G., H.S. vom 1. März 1880. Rep. V.a 157/79. Entsch. i. Civils. Bd. I S. 377, 378; 5. C. S. vom 19. März 1881. Rp. V. 608/81. Entsch. Bd. IV S. 270 fg. R. H. V. C. S. vom 17. Oktober 1891. Entsch. Bd. XXVIII S. 312; V. C. S. vom 28. März 1901. Jur. Woch. 1901 S. 341 N. 36. Willenbücher zu § 4 G. O. Turnau zu § 4 G. O. Anm. 1 S. 31, 32. A. A. allerdings stets das Kammergericht sh. Johow Bd. II N. 48 S. 88; Bd. XIII N. 23 S. 100; Bd. XVII N. 11 S. 38.

entwickelung begann die Grenzscheidungsklage in auffallender Weise aus der Praxis zu verschwinden.[4] Denn nunmehr waren die meisten Eigentümer auf Grund des Flurbuchs und der Mutterrolle in der Lage, die Grenzen ihrer Grundstücke genau nachzuweisen. Innerhalb dieser Grenzen aber sprach in Gemäßheit des auf das Kataster zurückgeführten Grundbuchs der öffentliche Glaube des Grundbuchs für ihr Eigentum. So schien es denn bei weitem einfacher und zweckmäßiger, die Eigentumsklage anzustrengen als die vielfach kontroverse Grenzscheidungsklage zu erheben.[5] Und dies wurde in immer steigendem Maße der Fall, je mehr Eigentümer ihr Recht an der Liegenschaft nach Inkrafttreten der neuen Grundbuchgesetzgebung erworben hatten. So erklärt sich das beinahe völlige Schwinden von Entscheidungen über die Grenzscheidungsklage aus der offiziellen Sammlung von Rechtssprüchen des höchsten Gerichtshofes.[6] Und Hand in Hand damit ging ein Erlahmen der wissenschaftlichen Forschung über die Grenzscheidungsklage für das Gebiet des preußischen Rechts.[7]

Aus dem gleichen Grunde blieben die Einwirkungen der neuen R.C.P.O. auf die Grundsätze der Grenzscheidungsklage praktisch und theoretisch unbeachtet. Die Fragen, wie die Duplizität der Klage, die doppelte Beweispflicht, die Behandlung der Nebenan-

---

[4] Das Generalregister zur Juristischen Wochenschrift über die Jahrgänge 1872 bis 1890 (Berlin 1891) verzeichnet nur 5 Urteile, welche die Grenzscheidungsklage pp. betreffen (S. 99).

[5] Vgl. beispielsweise Entsch. des R.G. 5 C. S. i. S. Fiskus c/a. Krüger vom 26. März 1887 N. 9/87 V. J. W. 1887 S. 213 N. 2; 5 C. S. i. S. Ostermann c/a. Eis.-Fiskus vom 23. März 1901. Jur. W. 1901 S. 341 N. 36.

[6] In der offiziellen Entscheidungensammlung des Reichsgerichts, herausgegeben von den Mitgliedern des Reichsgerichts und der Reichsanwaltschaft findet sich nur ein das preußische Recht betreffendes Erkenntnis aus dem Jahre 1880 in Bd. 2 S. 316. Vgl. Generalreg. zum 1—30. Bd. Entschdgn. S. 579, 926, Generalregister zu Bd. 31—40 S. 396, 617 und die Register der Bd. 41—45.

[7] Im Gegensatze zur reichhaltigen monographischen Litteratur des Gemeinen Rechts (vgl. Litteratur zu § 2 oben) hat das Preußische Recht nur eine kleine Monographie über die Grenzscheidungsklage aus der Feder des Amtsrichters Leonhard aufzuweisen, und sie entstammt dem Jahre 1861! Auch die Lehrbücher behandeln die Grenzscheidungsklage nur kursorisch.

[8] Siehe beispielsweise R.G. vom 7. März 1881 N. 639/80 II H. und vom 10. März 1881 N. 324/80 II. H. beide Entsch. Jur. Woch. 1881 S. 70.

sprüche, der Rechtskraftwirkung mit den Grundsätzen des neuen Prozeßrechts zu vereinen seien, blieben für das preußische Recht unbeantwortet und harren noch heute der Erledigung.

Anhang zum historischen Teile.[1]

Kapitel III.

Das französische und sächsische Recht.

§ 7.

Das französische Recht.

A. Quellen: Art. 646 c. c.

B. Litteratur: Duranton, Cours de droit français suivant le C. C. (1834) Bd. III S. 80—85. Laurent, Principes de droit civil (1872) Bd. VII §§ 417–439. S. 476—498. Zachariae-Crome, Handbuch des französischen Zivilrechts (1894) Bd. I § 173 S. 507—509.

Der code civil handelt von den Grenzstreitigkeiten in dem Kapitel, welches ex professo von den Legalservituten spricht. Das Gesetz mißt also dem Anspruche auf Grenzscheidung einen servitutarischen Charakter bei. Es erblickt in ihm eine Legalservitut, die jedem Nachbareigentümer gegen den anderen zusteht.[1a]

Sedes materiae ist der Art. 646, welcher lautet:[2]

> „Tout propriétaire peut obliger son voisin au bornage de leurs propriétés contigués. Le bornage se fait à frais communs.“

In diesem Artikel erachten Praxis und Theorie sowohl den klagbaren Anspruch auf bloße Bereinung (Abmarkung) als die Grenzscheidungsklage actio finium regundorum für gegeben.

Die Bereinungsklage setzt voraus, daß zwei aneinander stoßende Grundstücke, deren Grenzen selbst unbestritten sind,

[1] Die nachfolgende Darstellung will lediglich eine allgemeine Übersicht bieten.

[1a] Dieser Charakter der Klage ist bei Beratung des Code im Staatsrate von dem Regierungsvertreter Treilhárd auf eine kritische Bemerkung hin ausdrücklich festgestellt worden. Laurent S. 477.

[2] Der Artikel ist fast wörlich als Art. 441 (nicht 412, wie die Motive sagen) in den codice civile und als Art. 678 in das niederländische burgerliyk wetboek übergegangen.

keine erkennbaren Grenzzeichen mehr besitzen. Für diesen Fall hat jeder Nachbareigentümer gegen den andern den Anspruch auf Vereinung.[3] Ein späteres Gesetz vom Jahre 1838[4] hat diesen Anspruch vor Lokalbehörden, die sog. Friedensgerichte verwiesen, die vermöge ihres Sitzes besonders zur Regelung der örtlichen Grenzabmarkung geeignet erschienen.

Die actio finium regundorum setzt im Gegensatze zur Vereinungsklage einen Grenzstreit voraus.

Die Klage gehört vor die ordentlichen Gerichte.[5] Es steht nichts im Wege Abmarkungsanspruch und Grenzscheidungsklage mit einander vor den ordentlichen Gerichten zu verbinden.[6]

Der Charakter der Klage ist wie im Gemeinen und Preußischen Rechte streitig. Die herrschende Meinung erblickt in der Grenzscheidungsklage eine dingliche Klage,[7] die sich indes von den Eigentumsklagen wesentlich dadurch unterscheidet, daß sie judicium duplex[8] ist. Die Konsequenzen hieraus sind mit Schärfe gezogen. Praxis und Theorie sind über die doppelte Klägerstellung, die beiderseitige Beweispflicht, die Zulässigkeit eines auch den Kläger verurteilenden Erkenntnisses einig.

Im Übrigen wandelt der code vielfach römisch-rechtliche Bahnen.

Die Klage steht nicht allein dem Grund-Eigentümer, sondern allen zu, die ein dingliches Recht an der Sache selbst haben. Pfandgläubiger, Nießbraucher, Usuar, Emphyteuta sind demnach sachlegitimiert.[9]

Die Klage setzt Verschiedenheit des Eigentums auf beiden Seiten voraus.[10]

Bei Gebäuden ist die actio finium regundorum ausgeschlossen.[11]

---

[3] Duranton S. 82. Laurent S. 485. Zachariae S. 508 Anm. 5.

[4] Franz. Gesetz vom 25. Mai 1838 Art. 6, belg. Gesetz vom 25. März 1841 Art. 9.

[5] Laurent S. 485 486. Zachariae S. 508.

[6] Laurent S. 476 fg., 481, 485. Zachariae S. 508.

[7] Laurent S. 487, 488, dort Litteraturnachweise.

[8] Laurent S. 491 fg. Zachariae S. 507 Anm. *.

[9] Duranton S. 84. Laurent S. 482 fg. Zachariae S. 508 Anm. 1.

[10] Laurent S. 478.

[11] Laurent S. 478. Zachariae S. 508 Anm. 2.

Die Klage ist unverjährbar, jedoch salva usucapione dominii.[12] In Betonung des selbständigen Charakters der Klage sind Praxis und Theorie darüber einig, daß das Urteil im Grenzscheidungsprozeß einer Vindikation der streitigen Grenzfläche nicht entgegengesetzt werden darf:[13] „le bornage n'a donc d'effet que quant à la délimination" (Laurent S. 497).

Als Besonderheit ist zu bemerken, daß die Praxis im Anschluß an Art. 27 des code de procédure civile im Besitzstreite den Anspruch auf Vereinung nach Maßgabe des festgestellten Besitzes zuläßt. Die Abmarkung wird hier als provisorisch erfolgt angesehen.[14]

§ 8.

Das sächsische Recht.

A. Quellen: §§ 364—366 sächs. B.G.B.

B. Litteratur: Schmidt, Vorles. über sächsisches Privatrecht Bd. I (1869) § 39 S. 137; § 68 S. 253 fg. Siebenhaar, Lehrbuch des sächsischen Privatrechts (1872) § 219 S. 360.

Nach sächsischem Recht hat jeder Grundeigentümer das Recht, gegen seinen Nachbaren auf Grenzabmarkung (Verlagung, Versteinung) und auf Grenzscheidung anzutragen.

Die Grenzabmarkungsklage findet statt, wenn der Grenzzug selbst unstreitig ist, feste erkennbare Grenzzeichen hingegen fehlen (§ 364).

Besteht Streit über die Grenze, so muß auf Grenzscheidung geklagt werden.

Beide Klagen dürfen mit einander verbunden werden.

Die Grenzscheidungsklage, welcher von Theorie und Praxis besondere Beachtung geschenkt ist, wandelt fast durchgängig in romanistischen Bahnen. Sie gilt als Ausfluß der Eigentumsklage, iudicium duplex et mixtum. Das letzte betont das Gesetz ausdrücklich: „Bei der Klage auf Feststellung der Grenzen kann auch der Beklagte Verurteilung des Klägers verlangen" (§ 365). Mit der actio finium regundorum kann der Anspruch auf praestationes

[12] Laurent S. 488 fg. Zachariae S. 508 Anm. 4.

[13] Laurent S. 496, 497, dort Litteratur und Praxis.

[14] Zachariae § 165 Anm. 9 S. 480.

personales verbunden werden.[1] Läßt sich im Grenzscheidungsprozeß die richtige Grenze nicht ermitteln, so ist der Teil der Grundstücke, von dem ungewiß ist, zu welchem der benachbarten Grundstücke er gehört, als im Miteigentum der Nachbaren befindlich zu betrachten und unter denselben zu teilen. Bei Bestimmung der Größe der Teile und der Art der Teilung kommt aushilfsweise der bisherige ruhige Besitzstand in Betracht (§ 365).

Das war das Recht, welches das B.G.B. in Deutschland vorfand. Was hat es hieraus gestaltet?

II. Abschnitt.

Dogmatischer Teil.

Das Recht des bürgerlichen Gesetzbuchs.

§ 9.

Litteratur.

Die Lehr- und Handbücher des Deutschen Bürgerlichen Rechts behandeln den Grenzprozeß nur in seinen Grundzügen. Das Interesse der Forschung hat sich vorwiegend dem Grenzscheidungsanspruche zugewendet. Indessen ist die Frage, wie sich dieser Anspruch mit den Grundsätzen der R.C.P.O. verträgt, unbeantwortet geblieben. Eine Monographie, die das Recht des bürgerlichen Gesetzbuchs behandelte, fehlt meines Wissens.

Dem Verfasser war folgende Litteratur zugänglich.

A. Materiellrechtliche Litteratur.[1]

I. Vorarbeiten: Motive zum Entwurfe eines Bürgerlichen Gesetzbuches. Amtliche Ausgabe. Berlin. Guttentag 1888, insb. Bd. III S. 268 fg; Protokolle der Kommission für die zweite Lesung des Entwurfs des Bürgerlichen Gesetzbuchs. Im Auftrage des Reichsjustizamts bearbeitet von Dr. Achilles, Dr. Gebhard und Dr. Spahn. Berlin. Guttentag 1897, insb. Bd. III S. 125 bis 129. Denkschrift zum Entwurf eines Bürgerlichen Gesetzbuchs. Berlin. Guttentag 1896. Reatz, Die zweite Lesung des Entwurfs eines B.G.B. Berlin. Heymann 1884 S. 451.

---

[1] Siebenhaar S. 360.

[1] Citiert wird lediglich solche Litteratur, welche für den Grenzprozeß von unmittelbarem Interesse ist.

Gierke, Otto: Der Entwurf eines B.G.B. und das deutsche Recht. Leipzig. Duncker & Humblot 1889, insb. S. 327, 328. Krech, „Die Rechte an Grundstücken", insb. S. 67, 71 in Becker und Fischer, Beiträge zur Erläuterung und Beurteilung des Entwurfes eines B.G.B. für das Deutsche Reich. Berlin. Guttentag 1889. H. 14. Opitz, H. G., Gutachten über den Entwurf eines B.G.B. für das Deutsche Reich, erstattet für den Landeskulturrat des Königreiches Sachsen. Leipzig 1889. S. 16 fg.

Rönnberg: „Die Grenzscheidungsklage nach Römischem und Gemeinem Rechte sowie nach dem Entwurf eines B.G.B. für das Deutsche Reich" im Archiv für bürgerliches Recht, herausgegeben von Kohler, Ring und Oertmann, Bd. XI (1896) S. 272—286.

II. Lehrbücher: v. Buchka, Vergleichende Darstellung des B.G.B. und des Gemeinen Rechts. III. Auflg. 1899. Berlin. Liebmann, insb. § 26. Cosack, Lehrbuch des Deutschen Bürgerlichen Rechts 3. Auflg. Jena. Fischer 1901, insb. Bd. II 1. Abt. S. 160 fg. Dernburg, Das bürgerliche Recht des Deutschen Reichs und Preußens. Bd. III. Das Sachenrecht. 2 Auflg. 1901 Halle Waisenhaus, insb. § 87 S. 249 fg. Endemann, Einführung in das Studium des B.G.B. 6. und 7. Auflg. Berlin. Heymann 1900, insb. Bd. II § 71 S. 276—279. Engelmann, Das Bürgerliche Recht Deutschlands mit Einschluß des Handelsrechts. Berlin. Heine 2 Auflg. 1900, insb. S. 512. Goldmann, E. und Lilienthal L., Das B.G.B. Systematisch dargestellt nach der Legalordnung des A.L.R. Berlin. Heine 1900, I S. 277 bis 280. Leske, Vergleichende Darstellung des B.G.B. und des Preußischen A.L.R. Berlin. Liebmann 1900, insb. Bd. I S. 399—400. Matthiaß, B., Lehrbuch des Bürgerlichen Rechts. Berlin. Häring. 2. Auflg. 1899, insb. Bd. II § 15 S. 41, § 35 S. 81.

Krückmann, Institutionen des B.G.B. Göttingen 1898, Vandenhoeck & Ruprecht, insb. § 57 S. 227.

III. Kommentare: Biermann, Kommentar zum B.G.B. Herausgegeben von Biermann, Frommhold, Gareis, Hubrich, Niedner, Oertmann, Berlin. Heymann 1898 fg., insb. Bd. III, Sachenrecht von Biermann S. 62—64; Enneccerus-Lehmann, Das Bürgerliche Recht. Eine Einführung in das B.G.B. Marburg. Elwert 1900 fg. Bd. III § 17. Fischer-Henle, Bürgerliches Gesetzbuch nebst dem Einführungsgesetz. Handausgabe mit Einleitung, erläuternden Anmerkungen, in Verbindung mit Eugen Ebert und Heinrich Schneider, herausgegeben von Dr. Otto Fischer und Wilhelm Henle. München. Beck. 2 Auflg. 1898, insb. 3. Buch, Sachenrecht von Fischer S. 389—390. Kuhlenbeck, Das Bürgerliche Gesetzbuch. Handkommentar des d. Anwaltvereins. Berlin. Heymann 1899, insb. Bd. I S. 659—660; Meißner, Das Bürgerliche Gesetzbuch. Berlin. Markus 1901, insb. Bd. III S. 68—69; Neumann, Handausgabe des B.G.B. Berlin. Vahlen 1899, insb. Bd. I S. 473 bis 474. Planck, Bürgerliches Gesetzbuch nebst Einführungsgesetz, erläut. von Dr. G. Planck in Verb. mit Achilles, André, Greiff, Ritgen, Unzner. Berlin. Guttentag 1897 fg., insb. Bd. III § 153 fg., dieser Teil von Achilles bearbeitet. Scherer, Kommentar zum B.G.B. Erlangen. Palm 1899 fg., insb. Bd. III Sachenrecht S. 106—107; Staudinger, Kommentar zum BGB. in Gemeinschaft mit Loewenfeld, Mayring, Kober, Engelmann, Herzfelder, Wagner. München. Schweitzer 1898 fg., insb. Bd. III. Sachenrecht von Kober S. 69 fg.

IV. Formularbuch: Jastrow, H., Formularbuch und Notariatsrecht auf Grundlage des B.G.B. 11. Auflg. Berlin. Guttentag 1900. Th. II Muster 84 S. 154 fg.

V. Spezial-Lehrbücher und Kommentare des Liegenschaftsrechts: Turnau-Förster, Das Liegenschaftsrecht nach den Deutschen Reichsgesetzen und den Preußischen Ausführungsbestimmungen. Paderborn, Schöningh. 1900. Bd. I insb. S. 301.

B. Prozessuale Litteratur.

I. Lehrbücher: Fitting, Deutscher Reichscivilprozeß. Berlin. Guttentag. 10. Auflg. 1900. Planck, Lehrbuch des Deutschen Civilprozesses. Nördlingen und München. Beck. Bd. I 1887; Bd. II 1891. Schmidt, Lehrbuch des Deutschen Civilprozeßrechts 1898 und Ergänzungen (betreffend Änderung der Novelle 1898) 1898. Leipzig, Duncker & Humblot. Wach, Handbuch des Deutschen Civilprozesses Bd. I. Leipzig 1888. Duncker & Humblot.

II. Kommentare: v. Bülow, Die Civilprozeßordnung. Hannover. Hahn. 2. Auflg. 1882; Förster, Die Civilprozeßordnung für das Deutsche Reich. Grünberg i. Sch. Weiß. Bd. I 1886. Bd. II 1888. Gaupp-Stein, Die Civilprozeßordnung für das Deutsche Reich. 4. Auflg. in Lieferungen 1897 fg. Freiburg. Mohr. Petersen-Anger, Die Civilprozeßordnung für das Deutsche Reich Lahr. Schauenburg. I 1899, II in Lieferungen 1900 fg. Seuffert, L., Kommentar zur Civilprozeßordnung für das Deutsche Reich. München. Beck. 7. Auflg. 1895. Struckmann-Koch, Die Civilprozeßordnung für das Deutsche

Reich. Berlin. Guttentag. 7. Auflg. 1900. Wilmowski-Levy, Civilprozeßordnung und Gerichtsverfassungsgesetz für das Deutsche Reich. Berlin. Vahlen. 6. Auflg. 1892.

Kapitel IV.

Die Grenzabmarkungsklage.

§ 10.

Charakter der Klage. Unterschiede von den Eigentumsklagen.

Litteratur: Koch, Lehrbuch des Preuß. Privatr. 2. Auflg. Bd. I § 186 fg. S. 362 fg. Laurent, Principes de droit civil VII (1872) S. 476 bis 482. Windscheid, Pandekten 7. Auflg. (1891) I § 38 S. 90 fg; §§ 42—46 S. 96 fg. Regelsberger, Pandekten (1893) I §§ 50 fg. S. 197 fg. insb. S. 212 fg. Dernburg, Pandekten, 4 Auflg. (1894) §§ 127 fg. insb. § 129 S. 305. Förster-Eccius, Preuß. Privatr. 7. Auflg. (1896) § 23 S. 123 fg. Windscheid-Kipp, Pandekten. 8 Auflg. (1900) I § 38 S. 140 fg.; §§ 42—46 S. 150 fg.

Motive zum B.G.B. II S. 1 fg. III S. 1 fg., S. 268 fg. Protokolle zum B.G.B. Bd. III S. 125 fg. Endemann, Bd. II § 3 S. 8 fg. Cosack I S. 80 S. 285 fg.: II § 170 S. 1 fg. Rönnberg, S. 272—279.

Wach, Civilproz. I S. 12 fg. Schmidt, Civilproz. § 29 S. 138. Fitting, Civilproz. § 47. Gaupp-Stein, Komm. zur C.P.O. S. 10 fg., 510 fg. Kipp, Die Verurteilung zur Abgabe von Willenserklärungen und zu Rechtshandlungen (1892) S. 16 ff. Langheineken, Der Urteilsanspruch (1899) S. 90 fg. S. 220 fg.

Das B.G.B. bestimmt im 1. Titel des 3. Abschnitts des 3. Buchs vom „Inhalt des Eigentums" in § 919:

„Der Eigentümer eines Grundstückes kann von dem Eigentümer eines Nachbargrundstückes verlangen, daß dieser zur Einrichtung fester Grenzzeichen und, wenn ein Grenzzeichen verrückt oder unkenntlich geworden ist, zur Wiederherstellung mitwirkt.

Die Art der Abmarkung und das Verfahren bestimmen sich nach den Landesgesetzen; enthalten diese keine Vorschriften, so entscheidet die Ortsüblichkeit.

Die Kosten der Abmarkung sind von den Beteiligten zu gleichen Teilen zu tragen, sofern nicht aus einem zwischen ihnen bestehenden Rechtsverhältnisse sich ein anderes ergiebt."[1]

Hiernach hat jeder Grundeigentümer einen eigenartigen Anspruch gegen seinen Nachbareigentümer. Er kann von seinem Nachbaren verlangen, daß dieser mit ihm zur Errichtung oder Wiederherstellung fester erkennbarer Grenzzeichen auf gemeinschaftliche Kosten mitwirke, und diese Forderung kann durch Klage und Urteil erzwungen werden.[2]

I. Die allgemeine Klagbarkeit des Verlagungsanspruches nach Reichsrecht wird gegen die herrschende Meinung von Stein (Gaupp-Stein, Anm. II, 5 zu § 24 S. 72) bestritten. Seiner Ansicht nach soll das Landesrecht über die Zulässigkeit der Klage zu befinden haben. Dies ist unrichtig. Die Motive (S. 268) lassen keinen Zweifel darüber, daß der Verlagungsanspruch im Anschluß an das Preußische und Französische Recht geregelt worden ist. Diesen beiden Rechten war aber von jeher die Klagbarkeit des Abmarkungsanspruchs eigentümlich (s. oben § 5 S. 29, § 7 S. 37). Die Worte des Gesetzestextes, die Art der Abmarkung und das Verfahren bestimmen sich nach den Landesgesetzen, können danach gar nicht anders verstanden werden, als daß die Landesgesetzgebung nur über das technische Verfahren bei der Abmarkung zu bestimmen haben solle.[3] Es kommt dazu, daß, soweit nicht das B.G.B. ein anderes ausdrücklich bestimmt, die Vorschriften der Reichsgesetze in Kraft geblieben sind (Art. 32 Einf.Ges. zum B.G.B). Der hiernach zweifellos aufrecht erhaltene § 13 G.V.G.

---

[1] Wie dieser Gesetzestext entstanden ist, zeigt die Schlußtafel.

[2] Ebenso: Cosack II S. 161. Dernburg Sachenr. S. 252. Endemann II S. 276. Goldmann-Lilienthal I S. 278. Leske I S. 339. Mattiaß II S. 41. Neumann Anm. 1 zu § 919. Planck III S. 153. Scherer III S. 107. Staudinger Anm. 1 zu § 919.

[3] Dernburg Sachenr. S. 252. Endemann II S. 276. Goldmann-Lilienthal I S. 278. Matthiaß II S. 41. Staudinger Anm. 2 zu § 919 Bd. III S. 69.

hindert aber die Landesgesetzgebung, bürgerliche Rechtsstreitigkeiten dem Prozeßwege zu entziehen. Thatsächlich behandeln denn auch alle landesrechtlichen Bestimmungen, welche das Verfahren bei der Abmarkung regeln, die allgemeine Klagbarkeit des Abmarkungsanspruches als selbstverständlich.[4] Die allgemeine Klagbarkeit des Verlagungsanspruchs nach Reichsrecht ist also gewiß.

Das uralte Verlagungsverfahren wird somit durch das bürgerliche Gesetzbuch in bewußter Abweichung vom Gemeinen Rechte (s. oben § 4 I S. 22) auf den ordentlichen Rechtsweg verwiesen. Es mag dies auffallend erscheinen, weil der Streit um die Notwendigkeit der Veranlagung dem Rechtsbegriff des bürgerlichen Rechtsstreits nicht völlig entspricht, vielmehr seinem Wesen nach ein Verfahren der freiwilligen Gerichtsbarkeit verlangt.[5] Der tiefere Grund hierfür ist ein rechtspolitischer (s. oben § 1 S. 7). Die Sicherung der Abmarkung bildet eine Forderung von allgemeiner öffentlicher Bedeutung. Sie dient in hervorragendem Maße der Aufrechterhaltung der öffentlichen Ordnung. Aus diesen Erwägungen heraus erschien es zweckmäßig, den Parteien im Verlagungsstreit durch den „Vorteil kontradiktorischer Verhandlung in den entwickelten Formen des Civilprozesses"[6] einen erhöhten Rechtsschutz angedeihen zu lassen.

II. Der Anspruch auf Abmarkung ist nach der Auffassung des Gesetzbuches ein Attribut des Grundeigentums, er gehört zum Inhalte dieses Eigentums.[7]

Der Anspruch ist auf der Aktivseite ein Ausfluß des gegenwärtigen Eigentums am Grundstücke und deshalb ein dinglicher „Anspruch aus dem Eigentum".[8] Dieser dingliche Anspruch ist indessen eigentümlich geformt. Es fehlt ihm nämlich an der ab-

---

[4] Vgl. unter den in § 17 Anm. 13 S. 83 fg. cit. Gesetzen, Verordnungen ꝛc. diejenigen, welche in Rücksicht auf das B.G.B. erlassen sind.

[5] Beispielsweise galten in Bayern bis zum 1. Januar 1900 Streitigkeiten über die Verlagungspflicht als Verwaltungsrechtssachen (Bayerisch. Vermarkungs-Gesetz vom 16. Mai 1868 Ges.Bl. S. 573 fg.).

[6] Gaupp-Stein I S. 10.

[7] Motive III S. 268. Protokolle III S. 125. Planck B.G.B. III S. 153, 154. Dagegen: Rönnberg S. 273 fg.

[8] Der Anspruch liegt also auf dem Gebiete des Vermögensrechtes (siehe unten § 13 II S. 63).

soluten Wirkung anderer dinglicher Ansprüche gegen jeden beliebigen Dritten. Er ist streng auf benachbarte Grundstücke lokalisiert, richtet sich mithin lediglich gegen deren jeweilige Eigentümer.

Die dem Anspruch gegenüberstehende Verpflichtung liegt allerdings nur den Nachbareigentümern ob. Gleichwohl hat sie keinen servitutarischen Charakter. Die Verpflichtung zur Abmarkung (Passivseite des Anspruches) ist also keine Legalservitut, wie im französischen Recht (vgl. oben § 7 S. 37). Denn die Servitut beschränkt nicht nur auf der Passivseite das Eigentum, sie fügt auch auf der Aktivseite dem Eigentume ein Recht hinzu, welches ihm als nacktem Eigentum noch nicht innewohnt. Davon ist hier nach dem Charakter des Anspruches, als eines Ausflusses des Eigentumsrechtes am Grundstücke keine Rede.

Der Grenzabmarkungsanspruch und die ihm gegenüberstehende Obliegenheit finden ihre Erklärung in der Erweiterung, die der Begriff des Grundeigentums im modernen Rechte erfahren hat. Das muß näher dargelegt werden. Die Machtsphäre des Grundeigentümers im Römischen Rechte war unbedingt auf das Grundstück beschränkt. Besonders auffällig tritt dies darin hervor, daß der römische Grundeigentümer nicht das Recht hatte, von seinem Nachbarn die Beseitigung gefahrdrohender Anlagen zu verlangen. Erst ein vom Prätor erzwungener Formalakt, das Versprechen des Nachbareigentümers, den entstehenden Schaden zu vergüten (cautio damni infecti) gab dem Grundeigentümer das Recht, Ersatz zu beanspruchen, wenn er durch die Anlage Schaden erlitten hatte. Dieser eng begrenzte Eigentumsbegriff blieb Jahrhunderte hindurch unumstößliches Dogma in Theorie und Praxis. Erst das weitblickende preußische Obertribunal[9] wich von dieser Auffassung ab, indem es in einem Einzelfalle erklärte, daß den Eigentümern der an einer öffentlichen Straße belegenen Häuser als solchen ein privatliches Gebrauchsrecht an der Straße zustehe. Dieses Gebrauchsrecht sah das Obertribunal als unmittelbar im Eigentum enthalten an, welches damit über seine eigentliche Machtsphäre weit hinausgriff. Damit war einem modernen Gedanken Rechnung getragen.[10] Das moderne Grundeigentum läßt seine Machtsphäre

[9] Ob.-Trib. bei Striethorst Bd. 62 S. 276; Bd. 72 S. 1 fg. namentl. S. 10.

[10] Das Reichsgericht (Entscheidungen in Civils. Bd. 7 S. 216) hat gegen

nicht auf die Scholle isolieren. Es greift hinaus über seinen eigentlichen Machtbereich, soweit es das berechtigte Interesse des Grundeigentümers erfordert, ebenso wie dessen Recht andererseits im öffentlichen Interesse weitgehenden Beschränkungen unterliegt. Auch dem Grundeigentum ist ein Tropfen sozialen Öles beigemischt. Es ist sozialisiert. Nachdem dieser moderne Eigentumsbegriff durch die Praxis entwickelt war, hat ihm zum ersten Male in der Legislatur das B.G.B. Rechnung getragen. So schreibt es in markantem Gegensatze zum Römischen Rechte vor, daß der Grundeigentümer, dem vom Nachbargrundstücke aus Schaden droht, von dem Nachbareigentümer die zur Abwendung des Schadens erforderlichen Vorkehrungen verlangen dürfe. Jeder Grundeigentümer ist also seinem Nachbarn kraft dessen Eigentums zu positivem Thun verpflichtet. Und aus diesem Gesichtspunkte des sozialisierten Eigentums heraus ist auch die Regelung des Grenzabmarkungsanspruches im B.G.B. zu erklären. Man steht hier vor den Anfängen einer Entwickelung, deren Endziel noch nicht abzusehen ist.

III. Der Anspruch auf Grenzabmarkung ist ein **rein dinglicher Anspruch** aus dem Eigentume, kein schuldrechtlicher Anspruch mit dinglicher Basis, **keine actio mixta**. Allerdings ist der Anspruch gerichtet auf eine Leistung des Grundnachbarn. Er verlangt dessen Mitwirkung zur Errichtung oder Wiederherstellung von Grenzzeichen sowie zur anteiligen Kostentragung. Hierdurch wird der Charakter des Anspruchs als eines rein dinglichen Anspruchs aus dem Eigentume nicht berührt.[11] Denn einmal richtet sich der An-

diese freie Auffassung des Obertribunals ankämpfen zu müssen geglaubt und das Recht der Hauseigentümer an der vorüberführenden Straße als eine durch **stillschweigenden Vertrag** begründete Servitut konstruiert. Ebenso hat das R.G. (Bd. 7 S. 266; Jur. Woch. 1901 S. 370 Nr. 15) die Befugnis der Eisenbahnen auf die benachbarten Grundstücke nachteilig (durch Funkenauswurf &c.) einzuwirken nicht aus dem modernen Eigentumsbegriffe heraus erklärt, sondern eine in der Erteilung der Konzession liegende allgemeine Anordnung der Staatsgewalt fingiert, zufolge deren sich die benachbarten Grundbesitzer die nachteiligen Einwirkungen auf ihre Grundstücke gefallen lassen müßten. Das Gekünstelte dieser Konstruktion liegt auf der Hand. Beide Fälle zeigen, welche Sozialisierung das Eigentum erfahren hat und welche Erweiterung demgemäß dem Eigentumsbegriffe zu geben ist.

[11] **Cosack** II S. 2. **Laurent** S. 487. **Planck** B.G.B. Anm. 2 zu § 919. Dagegen: **Motive** III S. 268. **Goldmann-Lilienthal** I S. 278 Anm. 2. **Matthiaß** S. 41.

spruch keineswegs gegen einen bestimmten Gegner. Die Person des Verpflichteten ändert sich vielmehr beliebig, je nachdem das Eigentum am Nachbargrundstücke auf andere Personen übergeht. Sodann wird keineswegs eine höchstpersönliche Leistung des Nachbareigentümers beansprucht, sondern eine vertretbare Handlung, die im Falle der Weigerung des Eigentümers von einem Dritten an seiner Stelle vorgenommen werden kann.[12] Schließlich erschöpft sich der Anspruch auf Abmarkung nicht mit der einmaligen Leistung des Nachbareigentümers. Er tritt immer wieder hervor, sowie eine neue Verdunkelung der Grenze erfolgt ist und unterliegt schon seiner Eigenart nach niemals der Verjährung.[13] Der Anspruch wirkt also, wenn auch mit lokaler Begrenzung absolut. Mit demselben Rechte, mit dem man in dem Grenzabmarkungsanspruch einen teils persönlichen, teils dinglichen Anspruch erblickt, könnte man auch in der rei vindicatio, weil sie auf Herausgabe eines Gegenstandes, also eine Leistung gerichtet ist, eine teils persönliche, teils dingliche Klage erblicken.

IV. Der Grenzabmarkungsanspruch ist keine actio duplex im Sinne des Gemeinen Rechts. Denn die einfach auf Abmarkung gerichtete Klage bietet schon nach ihrem Zweck und Ziel — abgesehen von allen prozessualen Bedenken (s. unten § 18 V S. 88) — keinen Raum für eine doppelte Klägerstellung, eine doppelte Beweispflicht, eine unterschiedslose Verurteilung beider Parteien, des Klägers wie des Beklagten.

V. Prozessual steht nach dem Vorgetragenen der Grenzabmarkungsanspruch einer Leistungs- oder Verurteilungsklage am nächsten, wenn man davon absieht, „daß die dem Richter zugewiesene Aufgabe begrifflich in das Gebiet der freiwilligen Gerichtsbarkeit fällt."[14] Jedenfalls ist der Anspruch keine Feststellungsklage. Denn er zielt von vornherein auf einen Leistungsbefehl im Urteile. Natürlich kann aber, wenn die sonstigen Voraussetzungen

---

[12] So erfolgt die Vollstreckung des zuerkannten Anspruchs in der gesamten Praxis gemäß § 887 und nicht gemäß § 888 C.P.O. Siehe darüber unten § 17 S. 80 fg.

[13] Motive III S. 252 fg. Rönnberg S. 284—285.

[14] Gaupp-Stein Anm. I, 3 zum 2. Buch der C.P.O. Bd. I S. 513.

des § 256 C.P.O. gegeben sind, der Grenzabmarkungsanspruch in Form der Feststellungsklage anhängig gemacht werden.

VI. Die Grenzabmarkungsklage des B.G.B. ist also materiell ein eigenartiger, aus dem modernen Eigentumsbegriff zu erklärender, dinglicher Anspruch. Prozessual entspricht sie einer Leistungsklage. Nach jeder Seite hin ist die Grenzabmarkungsklage ein selbständiger Rechtsbehelf. Ihre Unterschiede von den Eigentumsklagen treten scharf hervor.[15]

Die Eigentumsklage ist sowohl als rei vindicatio wie als actio negatoria die Klage des Eigentümers eines Grundstücks auf Respektierung seines Eigentums gegen jeden diese Anerkennung verweigernden Dritten. Behauptet und bestritten wird — in lite ist — das Eigentumsrecht des Klägers. Die Eigentumsklage nimmt das Verfügungsrecht über ein Grundstück gegenüber jedem gegenwärtigen Angriffe in Anspruch, er gehe aus, von wem er wolle.

Die Grenzabmarkungsklage hat mit dem Streit um das Eigentum nicht nur nichts zu schaffen. Sie setzt Anerkennung des klägerischen Eigentums durch den Beklagten voraus. Auf Grund dieser Anerkennung wird eine Leistung des Beklagten, der nur der Nachbareigentümer sein kann,[16] gefordert. Behauptet und bestritten wird — in lite ist — die Verpflichtung des Beklagten zur Errichtung fester, erkennbarer Grenzzeichen mitzuwirken. Die Grenzabmarkungsklage nimmt also zwecks Sicherung des Grundeigentums gegen künftige mögliche Angriffe eine Leistung des Nachbareigentümers in Anspruch.

Das auf die rei vindicatio ergehende Urteil entscheidet ex professo über das Bestehen oder Nichtbestehen des klägerischen Eigentums. Es kann und wird in vielen Fällen eine Veränderung (Vermehrung, Verminderung) in den Eigentumsverhältnissen der Parteien zur Folge haben. In diesem Falle entspricht das Urteil einer *Verfügung* über Grundeigentum.

Das auf die Grenzabmarkungsklage ergehende Urteil entscheidet ex professo über eine Leistung des Nachbareigentümers. Es hat niemals eine Veränderung (Verminderung, Vermehrung) in den Eigentumsverhältnissen der Parteien zur Folge. Es entspricht

---

[15] Vgl. *Rönnberg* S. 275 fg. *Biermann* Anm. 1 zu § 920.

[16] Siehe aber auch § 12, S. 55 fg. unten.

mithin niemals einer Verfügung über Grundeigentum, führt vielmehr lediglich einen Verwaltungsakt über das Grundstück herbei.

Nur in folgenden Punkten berühren sich Eigentumsklage und Grenzabmarkungsanspruch.

a) Beides sind dingliche Ansprüche aus dem Eigentume.

b) Beides sind Schutzklagen, die Eigentumsklage gegenüber gegenwärtigen, die Grenzabmarkungsklage gegenüber zukünftigen Angriffen.

c) Das auf die rei vindicatio ergehende verurteilende Erkenntnis führt ex professo eine Anerkennung des klägerischen Eigentums durch den Beklagten herbei.

Das gleiche Urteil im Grenzabmarkungsprozesse enthält implicite eine Anerkennung des klägerischen Eigentums durch den Beklagten bis zur Vermarkungslinie.[17]

§ 11.

Klagegrund.

Litteratur: Laurent, S. 482—486. Endemann, II § 71 S. 276, Rönnberg, S. 279—280. Wach, I S. 294 fg. Planck, C.P.O. II § 87 S. 20 fg. Gaupp-Stein zu § 253 n. F. Bd. I S. 516 ff.

Im Übrigen die § 10 cit. Litteratur.

Der Klagegrund umfaßt alle Thatsachen,[1] welche unmittelbar erheblich, gesetzlich erforderlich und regelmäßig ausreichend sind,

---

[17] Motive III S. 269. Goldmann-Lilienthal I S. 278 bei Anm. 7.

[1] So wenigstens nach der Substantiierungstheorie, die insbesondere vom R.G. vertreten wird. Vgl. Urt. 3. Sen. vom 4. I. 1884, Entsch. Civils. Bd. X S. 434; 3. Sen. vom 22. III. 1884 Bd. XI S. 242; 3. Sen. vom 5. X. 1885 Seuff. Arch. XXXIX Nr. 306; 3. Sen. vom 19. X. 1888, Entsch. Bd. XXII S. 389; 6. Sen. vom 17. VI. 1889 Bd. XXIII S. 432; Verein. Civil.-Sen. vom 9. II. 1891, Entsch. Bd. XXVII S. 385 fg.; 6. Sen. vom 18. V. 1898, Gruchot Bd. XLII S. 1181; 4. Sen. vom 16. I. 1899; Jur. Woch. 1899 S. 161 Nr. 4 2c. Für diese Theorie Planck C.P.O. II S. 20 fg. insb. S. 39 fg. Förster C.P.O. zu § 230 ä. F. S. 384—385. Gaupp-Stein zu § 253 n. F. Anm. III, 3, Bd. I S. 518. Struckmann-Koch zu § 253 n. F. S. 277. Wilmowski-Levy zu § 230 ä. F. Bd. I S. 357. Dernburg Pandekt. Bd. I § 152 S. 363. Über die Dissentienten (Wach, Fitting, Eccius, Petersen, v. Sarwey, Hinschius, Alexand. Katz, Schultze, Birkmeyer, Cosack, Fuchs, Bolgiano, Schmidt, Oetker und Fischer) siehe Seuffert Kom. z. C.P.O. zu § 230 ä. F. S. 301.

um den Klaganspruch zu rechtfertigen. Der Klaganspruch im Grenzabmarkungsprozesse geht, wie wir gesehen haben, dahin:

den Beklagten zu verurteilen:

mit dem Kläger zur Errichtung (oder Wiederherstellung) fester erkennbarer Grenzzeichen in der Richtung der gemeinschaftlichen Grenzlinie X. Y. mitzuwirken[2] und die Kosten der Vermarkung anteilig (zu gleichen Teilen mit dem Kläger[3]) zu tragen.

Hiernach setzt sich die Substantiierung der Grenzmarkungsklage aus den folgenden Thatsachen zusammen.[4]

I. Die Grenzabmarkungsklage setzt „Nachbargrundstücke", d. h. unmittelbar an einander grenzende Liegenschaften voraus. Sind benachbarte Grundstücke durch einen Weg, eine Straße, einen Fluß, einen Eisenbahndamm, überhaupt durch ein drittes Grundstück getrennt, so ist die Klage unstatthaft. Der Anspruch ist also streng lokalisiert auf körperlich an einander grenzende Grundstücke.

II. Die Grenzabmarkungsklage setzt voraus, daß die Grenzen der Nachbargrundstücke gewiß sind.

III. Die Grenzabmarkungsklage setzt unbestrittene Grenzen voraus.[5] Hiergegen wird von Rönnberg (S. 274) eingewendet,

[2] Die Praxis formuliert den Klageantrag häufig dahin: „darein zu willigen, daß die Wiederherstellung erkennbarer Grenzzeichen an Ort und Stelle durch den zuständigen Katasterbeamten auf gemeinschaftliche Kosten erfolge." Es geschieht dies wohl um zu betonen, daß eine vertretbare Handlung des Grundstücksnachbaren beansprucht werde, die im Falle der Weigerung gemäß § 887 C.P.O. zu erzwingen sei. Siehe darüber unten § 17 S. 80 fg.

Wird die Klage als Feststellungsklage angestrengt (oben § 10, V S. 49), so lautet die Klagebitte dahin: „festzustellen, daß der Beklagte verpflichtet sei, mit dem Kläger zur Errichtung 2c. mitzuwirken und die Kosten der Vermarkung anteilig zu tragen."

[3] Über die Kostenrepartierung siehe unten § 17 S. 85.

[4] Außer Acht bleibt hierbei zunächst die Sachlegitimation, welche einen integrierenden Bestandteil des Klagegrundes bildet. Vgl. Förster C.P.O. S. 385 u. dort Cit. Ferner Dernburg Pr. Priv. I. § 126 S. 246; Gaupp-Stein Anm. III, 3 d β zu § 253 n. F. I S. 522. Um die Übersichtlichkeit der Darstellung zu wahren, wird die Sachlegitimation in einem besonderen Paragraphen behandelt.

[5] So die Motive III S. 268 und im Anschluß an sie sämtliche Autoren mit Ausnahme von Rönnberg S. 274 und Scherer III N. 203 S. 107 (dieser ohne weitere Begründung.)

der Wortlaut des § 919 enthalte diese Voraussetzung nicht. Sie führe aber auch zu unhaltbaren Konsequenzen. Wäre nämlich Unbestrittenheit der Grenzen Voraussetzung der Grenzabmarkungsklage, so müßte in den die Regel bildenden Fällen der gleichzeitigen Grenzverwirrung die actio finium regundorum der Verlagungsklage vorangehen. Das Urteil in dem Grenzscheidungsprozesse müßte zunächst die Rechtskraft beschreiten, und erst auf Grund dieses rechtskräftigen Urteils würde eine zweite Klage die endliche Abmarkung herbeiführen. Rönnbergs Ansicht ist indessen irrig. Die Grenzabmarkungsklage ist nicht etwa ein neuer Rechtsbehelf des B.G.B. Sie beruht, wie ihre Geschichte[6] beweist, auf der alten Grenzerneuerungsklage des Preußischen oder Vereinungsklage des Französischen Rechts. In der über hundertjährigen Praxis und Theorie des Preußischen und Französischen Rechts war aber niemals Streit darüber, daß die Grenzerneuerungs- oder Vereinungsklage als solche Einigkeit über den Grenzzug voraussetze.[7] An diesem Standpunkte seiner Muttergesetzgebungen hat das B.G.B. nichts geändert. Eine Vergleichung der einschlägigen §§ 919 und 920 ergiebt, daß § 919, der den Anspruch auf Wiederherstellung und Erneuerung verdunkelter Grenzzeichen statuiert, logischer Weise Einigkeit über den Grenzzug selbst voraussetzen muß, wogegen erst der § 920, welcher Normen für den weiteren Fall der Grenzverwirrung aufstellt, Uneinigkeit über den Grenzzug voraussetzt (s. unten § 18, VII, 1 S. 91). Dasselbe sprechen die Motive aus, welchen als Bekenntnis über den im B.G.B. niedergelegten Willen des Gesetzgebers ein hohes Gewicht beizumessen ist. Der historischen Entwickelung und dem Sinne des Gesetzes nach gehört deshalb Unbestrittenheit der Grenze zur Substantiierung der Grenzabmarkungsklage. Was aber die prozessuale Behandlung dieser Grenzabmarkungsklage anbelangt, so scheint Rönnberg in einem prozeßrechtlichen Irrtume befangen, über den in § 14, I S. 64 gehandelt werden wird.

IV. Die Grenzabmarkungsklage setzt den Mangel fester oder die Verdunkelung bestehender Grenzzeichen voraus. Gemeint

---

[6] Siehe oben I Hauptabschnitt. Auch Motive III S. 268.

[7] Siehe oben § 5 S. 29, § 7 S. 37.

sind physische, auf der Erdoberfläche in Erscheinung tretende Grenzzeichen.[8] Mag die Grenzlinie im Flurbuch, auf der Gemarkungskarte und in der Mutterrolle noch so bestimmt und deutlich eingezeichnet sein. Flurbuch, Gemarkungskarte und Mutterrolle sind Urkunden, deren Angaben an Ort und Stelle nicht sichtbar zu sein brauchen. Bezweckt wird aber eine am kritischen Orte für jedermann erkenntliche Grenzscheide. Deshalb ist der Mangel physischer Grenzzeichen Voraussetzung der Klage.[9]

V. Eine besondere Qualität der Nachbargrundstücke ist im Gegensatze zum Gemeinen, Französischen und Sächsischen Rechte nicht Voraussetzung der Grenzabmarkungsklage.[10] Sie findet sowohl in Bezug auf ländliche wie in Beziehung auf städtische Grundstücke statt. Allerdings wird bei Gebäuden mit Grenzwänden ein Mangel an festen, erkennbaren physischen Grenzzeichen in der Regel nicht vorliegen.[11] Insofern möchte der in Anm.[9] bezeichnete Fall eintreten, daß die auf Mitwirkung zur Grenzerneuerung gerichtete Klagbitte gegenstandslos ist und als in der Hauptsache erledigt abgewiesen werden muß. Indessen hat das Gesetz in thesi eine besondere Ausnahme für Gebäude nicht statuiert.

Auch in Beziehung auf ländliche oder städtische Grundstücke einerseits, Wege, Straßen und Flüsse andrerseits ist die Grenzabmarkungsklage zulässig.

VI. Die Verpflichtung zur anteiligen Kostentragung ergiebt sich, sobald die Voraussetzungen ad I—IV vorliegen, aus dem Gesetze § 919 III.

Besondere Angaben über die Höhe der Vermarkungskosten braucht der Klagevortrag nicht zu enthalten. Die Höhe der Kosten ergiebt sich aus der Vollstreckung. Darüber s. unten § 17 S. 85.

---

[8] Motive III S. 268, 269. Staudinger, Anm. 1 zu § 919 S. 69.

[9] Sind feste und deutlich erkennbare Grenzzeichen vorhanden, so ist der Anspruch, insoweit er auf die persönliche Mitwirkung des Grundnachbarn zur Errichtung von Grenzzeichen gerichtet ist, erfüllt. Die Klagebitte ist in dieser Hinsicht gegenstandslos und muß als in der Hauptsache erledigt kostenfällig abgewiesen werden.

[10] Goldmann-Lilienthal I S. 280.

[11] Vgl. R.G. III C.S. vom 27. Oktober 1899. Entsch. Bd. 44 S. 171.

§ 12

Klagegrund — Fortsetzung: Aktiv- und Passivlegitimation.

Litteratur: Duranton, Cours de droit français (1834), III S. 83 fg. Laurent, S. 482—486.

Dernburg, Pandekt. Bd. I § 152 S. 361 fg. Eccius-Förster, Bd. I § 50 S. 254 fg.

Motive III S. 270. Rönnberg, S. 279—280.

Hahn, Materialien zur R.C.P.O. S. 10, 166—171, 541 bis 542, 943. Wach, Bd. I § 47 S. 532 fg. Planck, C.P.O. Bd. I § 44 S. 214—220. Gaupp-Stein § 51 Bd. I S. 139 fg.

Zum Klagegrunde jedes Prozesses gehört die Sachlegitimation (s. § 11 Anm. 4 S. 52). Sie setzt Parteifähigkeit, d. h. die allgemeine Thätigkeit einer Partei, Aktiv- oder Passiv-Subjekt eines Prozesses zu sein, voraus. Sie selbst ist eine Seite der Parteifähigkeit, will sagen die Befugnis der Partei, Aktiv- oder Passiv-Subjekt des gerade in Rede stehenden Prozesses, zu sein. Diese Befugnis hat aber nur, wer über das gerade in Frage stehende Streitobjekt selbst verfügen darf. Die Frage, wann diese Dispositionsbefugnis und damit die Sachlegitimation für den Grenzabmarkungsprozeß vorhanden ist, muß geprüft werden.

I. 1. Aktiv und passiv zur Grenzabmarkungsklage legitimiert sind nach den Worten des Gesetzes die Eigentümer der benachbarten Grundstücke.

Eigentümer in dem Sinne dieser Vorschrift sind auch diejenigen Personen, deren Eigentumsrecht resolutiv bedingt oder durch einen Endtermin befristet ist (§§ 158, 163 B.G.B.[2]). Eigentümer ist insbesondere der Vorerbe,[3] solange der Fall der Nacherbschaft noch nicht eingetreten ist (§§ 2100, 2139 B.G.B). Denn diesen Personen steht, solange ihr Recht währt, Eigentum und Verwaltung am Grundstücke zu. Sie haben deshalb auch das Recht auf Abmarkung als Ausfluß ihres Eigentums und zu ordnungsmäßiger Verwaltung gehörig.

---

[1] Über das Folgende vgl. Planck C.P.O. I S. 214 fg.; etwas abweichend Gauppp-Stein Anm. I zu § 51 Bd. I S. 139.

[2] Motive I S. 250 fg.; Cosack I § 61 N. 3 S. 194.

[3] Motive V S. 81 fg.; Endemann Bd. III § 40, S. 172 fg.; Neumann Bd. II zu §§ 2100 ff. Anm. 2a. Für den Vorerben kann die Grenzab-

Liegt auf der Aktiv- oder Passivseite Miteigentum vor, so kann jeder Miteigentümer selbständig auf Grenzabmarkung Klage erheben.[4] Denn nach § 1011 B.G.B. hat jeder Miteigentümer das Recht, Ansprüche aus dem Eigentume Dritten gegenüber in Ansehung der ganzen Sache geltend zu machen. Ein solcher dinglicher Anspruch aus dem Eigentum ist aber gerade die Grenzabmarkungsklage (s. oben § 10 II, III S. 46—49 oben).[5] Dagegen kann die Klage nur gegen sämtliche Miteigentümer zusammen gerichtet werden. Denn kein Miteigentümer hat das Recht, seine Gemeinschafter zur Mitwirkung bei der Abmarkung, also zu einer Verwaltungshandlung hinsichtlich des Gesamtgutes zu verpflichten. Insoweit fehlt also den einzelnen Miteigentümern die Dispositionsbefugnis über das Streitobjekt.

Stehen die Nachbargrundstücke im Eigentume derselben Personen, so entscheidet im Regelfalle Stimmenmehrheit über die Notwendigkeit der Verlagung. Der Überstimmte hat kein Klagerecht gegen seine Gemeinschafter (§ 745 B.G.B.). Ist hingegen die Abmarkung zur Erhaltung der gemeinsamen Liegenschaft notwendig,[6] so darf jeder Gemeinschafter gegen die andern auf Verlagung antragen (§ 744 II B.G.B.). Denn wenn jeder Gemeinschafter für diesen Fall selbständig Verlagung vornehmen kann, so ist er auch befugt, selbständig darauf zu klagen.

---

markungsklage eine Pflicht bedeuten, wenn sie durch eine ordnungsmäßige Verwaltung geboten ist. Endemann l. c. S. 174 fg.

[4] Motive III S. 445—446, Protokolle III S. 281.

[5] Es ist kein Grund ersichtlich, den Ausdruck: „Ansprüche aus dem Eigentume" in § 1011 B.G.B. auf die im 4. Titel des 3. Abschnitts behandelten vindikatorischen, negatorischen und konfessorischen Ansprüche zu beschränken, wie Neumann Bd. I Anm. 1 zu § 1011 es thut. Gegen Neumann: Biermann, Anm. 1 zu § 1011; Endemann II § 70 Anm. 18 S. 272; Kuhlenbeck, Anm. 1 zu § 1011; Leske I § 123 IV S. 448 und Staudinger, Anm. 1 zu § 1011 S. 143. Sie lassen den einzelnen Miteigentümer die vollen Eigentums- und Besitzrechte geltend machen. Gleichwohl erklärt Biermann, Anm. 5 zu § 920: Miteigentümer müssen im Grenzscheidungsprozeß (also wohl auch im Abmarkungsstreite) zusammen klagen und verklagt werden. Die andern Autoren gehen auf die hier aufgeworfene Frage nicht ein, mit Ausnahme von Planck, B.G.B. III S. 154, der Miteigentümer für aktiv und passiv legitimiert erachtet.

[6] Ein Beispiel bildet der Fall, daß ein Privatsee oder -Fluß gegen das Ufergrundstück abgemarkt werden muß.

2. Nur die Eigentümer der Nachbargrundstücke sind nach den Worten des Gesetzes klaglegitimiert. Es scheiden mithin aus die an der Sache dinglich Berechtigten, insbesondere der Nießbraucher, Pfandgläubiger, der beschränkt Nutzungsberechtigte, der Dienstbarkeitsberechtigte u. s. w.[7] Dagegen ist der Erbbauberechtigte, was die Abmarkung seines Erbbaurechtes anlangt, klaglegitimiert.[8] Denn für das Erbbaurecht sollen alle sich auf Grundstücke beziehenden Vorschriften gelten (§ 1017 B.G.B.), und zu diesen gehören insbesondere auch die Bestimmungen über die Grenzabmarkungsklage, weil aktiv dem Schutze des Grundstücks gegen künftige mögliche Angriffe dienend, und passiv gegen den jeweiligen Eigentümer des Nachbargrundstücks gerichtet. Gleiches wie für den Erbbauberechtigten gilt für die nach Landesrecht Nutzungsberechtigten, deren Nutzungsrecht durch die Art. 63 und 68 E.G. zum B.G.B. aufrecht erhalten ist, z. B. den Erbpachtberechtigten des Mecklenburgischen und den Abbauberechtigten des Königlich Sächsischen Rechtes.[9]

Nach Preußischem Rechte waren Lehnsinhaber und Fideikommißbesitzer, trotz ihres beschränkten Eigentums am Lehns- bezw. Fideikommißobjekt zur bloßen Erneuerung unstreitiger Grenzen legitimiert (§ 387 I. 17 A.L.R.[10]). Die gesetzliche Bestimmung, welche dies anordnete, ist aufgehoben worden (Art. 89 Pr. Ausf.-Ges. zum B.G.B.). Die Frage, ob Fideikommißbesitzer und Lehnsinhaber

---

[7] Diese Personen können als Nebenintervenienten auftreten § 66 C.P.O. Auch steht nichts im Wege, ihnen eine nachgeformte Aktivklage (actio utilis) auf Abmarkung der räumlichen Erstreckung ihres Rechtes am Grundstücke gegen die Nachbareigentümer zu gewähren. Vgl. auch unten § 20 II. 2. S. 96.

Für den Nießbraucher und Nutzungsberechtigten besteht Anzeigepflicht an den Eigentümer, falls sich die Notwendigkeit der Abmarkung herausstellt §§ 1042, 1093 B.G.B. Das Gleiche gilt für Pächter und Mieter §§ 545, 581 B.G.B.

[8] Das ist namentlich wichtig, wenn das Erbbaurecht auf einen für das Bauwerk nicht erforderlichen Teil des Grundstücks erstreckt ist § 1013 B.G.B. Ist der Erbbauberechtigte klagelegitimiert, so ist dies nach Analogie des § 1011 im Falle einer Miterbbauberechtigung auch der einzelne Miterbbauberechtigte.

[9] Protokolle Bd. VI S. 472 fg. Sächs. Ausf. G. zum B.G.B. §§ 14 bis 17 und Verordn. zur Ausf. des B.G.B. § 19.

[10] Anders hinsichtlich der Grenzscheidungsklage. Siehe oben § 5 Anm. 11 S. 32, unten § 20 II. 2. S. 96.

zur Grenzabmarkungsklage legitimiert sind, ist nunmehr aus dem Charakter des Lehns- bezw. Fideikommißverhältnisses zu beantworten. Geht man davon aus, daß der Fideikommißbesitzer verwaltender Bevollmächtigter des Familienverbandes ist (§§ 72, 117 fg. II 4 A.L.R.) und daß der Abmarkungsstreit nur eine Verwaltungshandlung, niemals aber eine Verfügung über das Objekt des Familienfideikommisses herbeiführt, so muß man den Fideikommißbesitzer für aktiv und passiv klagberechtigt erachten.[11] Gleiches gilt für den Lehnsinhaber. Auch er hat die umfassendsten Verwaltungsbefugnisse (§ 13 I 18 A.L.R.) und ist deshalb aktiv wie passiv legitimiert zur Führung der Grenzabmarkungsklage, die lediglich der Erhaltung des Lehns in seinem wirtschaftlichen Bestande dient (§ 19 I 18 A.L.R.).

3. Sind Eheleute Eigentümer der in Betracht kommenden Liegenschaften, so ist der Güterstand in Rücksicht zu ziehen.

A. Gehört das Grundstück zum Vorbehaltsgute eines der Ehegatten, so ist natürlich nur dieser klaglegitimiert.

B. Gehört das Grundstück zum eingebrachten Vermögen,[12] so ist zu unterscheiden:

a) Auf der Aktivseite ist neben beiden Ehegatten (§ 1400 B.G.B.) nach der positiven Bestimmung des § 1380 B.G.B. nur der Ehemann sachlegitimiert. Nicht die Ehefrau. Denn der Grenzabmarkungsanspruch ist als Ausfluß des Grundeigentums ein zum eingebrachten Gute gehörendes Recht. Ein solches kann aber neben beiden Ehegatten nur der Ehemann geltend machen (§ 1400 B.G.B.).

b) Auf der Passivseite ist neben beiden Ehegatten (§ 739 C.P.O.) nur die Ehefrau klaglegitimiert. Nur die Ehefrau. Denn ihre Passivlegitimation ist trotz des Güterstandes eine allgemeine geblieben[13] (vgl. auch § 1399 I B.G.B.).

---

[11] Allerdings werden Rechtskraft und Sachlegitimation hier auseinanderfallen. Siehe unten § 16 B. III S. 76.

[12] Der Text beschränkt sich auf den gesetzlichen Güterstand der Verwaltung und Nutznießung. Dieselben Rechtssätze gelten aber auch für den Fall, daß das Grundstück zum eingebrachten Vermögen der Errungenschafts-oder Fahrnisgemeinschaft gehört. (§§ 1525 II, 1550 II B.G.B. § 739 C.P.O.)

[13] Motive IV S. 232 fg., Endemann Bd. II § 177 Ziff. 3 S. 741; Leske II § 182 S. 716; Neumann Bd. II zu § 1400 Anm. II 1a; Planck B.G.B. Bd. IV S. 126 Anm. 5 zu § 1380; Kammergericht I C.S.Urt. vom

Nicht der Ehemann. Denn er ist in allen, das eingebrachte Gut betreffenden Streitigkeiten passiv niemals allein legitimiert.[14]

C. Gehört das Grundstück zum gütergemeinschaftlichen Vermögen,[15] so gilt Folgendes:

a) Aktiv ist neben beiden Ehegatten nur der Ehemann klageberechtigt. Denn der Grenzabmarkungsanspruch gehört als Ausfluß des Grundeigentums zum Gesamtgute. Und der Mann allein ist nach positiv gesetzlicher Bestimmung (§ 1443 I B.G.B.) als Haupt der Gemeinschaft berechtigt, Gesamtgutsprozesse im eigenen Namen zu führen.[16]

b) Passiv ist neben beiden Ehegatten sowohl der Ehemann wie die Ehefrau sachlegitimiert. Der Mann allein. Denn es handelt sich in der Hauptsache um eine Verwaltungshandlung, die das Gesamtgut betrifft.[17] Die Frau allein.[18] Denn ihre Fähigkeit, sich zu Leistungen zu verpflichten, hat durch den Güterstand keinerlei Beschränkung erfahren.

4. Bei der Sachlegitimation ist auch die Frage zu erörtern, ob der Konkursverwalter, der Zwangsverwalter und der

---

28. Januar 1901 in Rsp. der Ob.-Land.-Ger. 1901 S. 209 N. 111a Heft 11; Ob.-Land.-Ger. Kiel I C.S.Urt. vom 25. Februar 1901 in Rsp. der Ob. Land. Ger. 1901 S. 219 N. 113a Heft 11. Allerdings ist das Urteil dem Manne gegenüber in Ansehung des eingebrachten Gutes unwirksam. §§ 1400 I B.G.B. 789 C.P.O. Es fallen also Passivlegitimation und Rechtskraftwirkung auseinander. Siehe unten § 16 B. II 3d α α^2 S. 75.

14 Motive IV S. 350, 360; Protokolle IV S. 172, VI S. 706; Endemann Bd. II § 176 Anm. 35 S. 735; Leske II § 182 S. 716; Neumann Bd. II zu § 1380 Anm. B; Planck B.G.B. IV S. 126 Anm. 5 zu § 1380.

15 Der Text beschränkt sich auf den Güterstand der allgemeinen Gütergemeinschaft. Dieselben Rechtssätze gelten aber auch für den Fall, daß das Grundstück zum gütergemeinschaftlichen Vermögen der Fahrnis- oder Errungenschaftsgemeinschaft gehört. (§§ 1519 II, 1549 B.G.B., § 740 C.P.O.)

16 Endemann Bd. II § 184 Ziff. 2a S. 773; Leske Bd. II § 188 S. 784; Neumann Bd. II zu § 1443 Anm. I 3c.

17 Auch ist der Ehemann allgemein passiv legitimiert. § 1443 B.G.B.

18 Leske Bd. II § 189 S. 788; Neumann Bd. II zu § 1443 Anm. II 1 Allerdings fallen auch hier u. zw. in Ansehung des Gesamtgutes Passivlegitimation und Rechtskraftwirkung auseinander. Darüber siehe unten § 16 B II 3d β β^1 S 75.

Testamentsvollstrecker zur Führung des Grenzabmarkungsprozesses aktiv oder passiv legitimiert sind.[19]

Die Bejahung dieser Frage hinsichtlich des Konkursverwalters und des Testamentsvollstreckers folgt ohne weiteres daraus, daß diesen Personen durch das Gesetz eine allgemeine aktive und passive Sachlegitimation in Bezug auf das ihrer Verwaltung unterliegende Vermögen zugestanden ist (§§ 6, 10 fg. R.K.O.; §§ 2212, 2213 B.G.B.)

Aber auch der Zwangsverwalter ist sowohl aktiv wie passiv legitimiert. Denn die Grenzabmarkungsklage ist im Wesentlichen eine der ruhigen Bewirtschaftung des Grundstücks dienende Schutzklage, und die Befugnis zur Vertretung solcher Klagen steht auch dem Zwangsverwalter zu.[21]

5. Zur Sachlegitimation gehört endlich, daß gewisse, gesetzlich genau umgrenzte Vollmachtsverhältnisse zur Führung des Grenzabmarkungsprozesses berechtigen. So ist der Prokurist aktiv und

---

[19] Denn alle diese Personen sind keineswegs gesetzliche Vertreter des nicht prozeßfähigen Grundeigentümers. Sie haben vielmehr nur an Stelle des durchaus prozeßfähigen Eigentümers die Verwaltung und Verfügung oder doch eine dieser Befugnisse über einen Teil seines Vermögens. Vgl. für den Konkursverwalter R.G. V C.S. vom 30. März 1892 Entschdgn. in Civils. Bd. 29 S. 29 fg.: Der Konkursverwalter entnimmt die Legitimation zur Ausübung der ihm an Stelle des Eigentümers übertragenen Vermögensverwaltung unmittelbar dem Gesetze. Ähnlich für den Zwangsverwalter R.G. I C.S. vom 22. Mai 1889. Entschdgn. in Civils. Bd. 24 S. 302 ff. und im Anschluß hieran Jäckel, Komm. zum Zwangsverst.-Ges. (1901) § 152 Anm. 1 S. 501: „Der Verwalter führt ein Amt ebenso wie der Konkursverwalter, er übt seine Funktionen aus, nicht weil er den Schuldner oder den betreibenden Gläubiger oder alle an der Zwangsverwaltung Beteiligten vertritt, sondern, weil ihm vermöge seiner Bestellung als Verwalter gesetzlich die Befugnis zukommt, dasjenige zu thun, was zur Führung einer sachgemäßen Verwaltung notwendig ist." Über den Testamentsvollstrecker siehe Endemann Bd. III § 52 S. 218 fg.: „Er übt als ein Organ des Erblassers, das seinem Willen und seinen Bestimmungen Erfüllung sichern soll, eine zivilrechtliche Gewalt zu eigenem Rechte aus."

[20] Nach innen zu wird allerdings der Konkursverwalter bei einem Streitobjekt von über 300 Mk. der Genehmigung des Gläubigerausschusses bedürfen (§ 133 Ziff. 2 R.K.O.), vor dessen Beschlußfassung dem Cridar von der beabsichtigten Prozeßführung Nachricht zu geben ist (§ 135 R.K.O.).

[21] Jäckel l. c. zu § 152 Anm. 3g.

passiv sachlegitimiert,[22] falls das zu vermarkende Grundstück Handelsvermögen darstellt (§ 49 H.G.B.).

II. Wesentlich verschieden von der Sachlegitimation ist die Befugnis des gesetzlichen Vertreters, den Grenzabmarkungsprozeß für den Vertretenen zu führen.[23] Denn der gesetzliche Vertreter übt nicht bloß ein Dispositionsrecht aus. Er gilt als der von ihm Vertretene selbst. Hieraus folgt vor allen Dingen die unbedingte Passivlegitimation des gesetzlichen Vertreters.

1. Der Inhaber der elterlichen Gewalt als gesetzlicher Vertreter der Kinder, der Vormund, Pfleger und Beistand[24] als gesetzliche Vertreter ihrer Pflegebefohlenen, der Nachlaßpfleger und Nachlaßverwalter[25] als gesetzliche Vertreter des (endgültigen) Erben bezw. der (endgültigen) Erben sind aktiv und passiv legitimiert. Da Prozeßführung niemals Verfügung ist, so bedürfen alle diese Personen, obschon die Grenzabmarkungsklage ein Anspruch aus dem Grundeigentum ist, zur Prozeßführung keiner Genehmigung des Vormundschafts- oder Nachlaßgerichtes.

2. Gesetzliche Vertreter ihrer Handelsgesellschaft und deshalb zur Führung des Grenzabmarkungsprozesses aktiv und passiv legitimiert sind die vertretungsberechtigten offenen Handelsgesellschafter, die Komplementäre einer Kommanditgesellschaft (§§ 125, 126, 161 H.G.B.).[26]

3. Selbstverständlich ist, daß jede juristische Person den Grenzabmarkungsprozeß aktiv und passiv durch ihre gesetzlichen Vertreter führen lassen muß. Wer diese im Einzelnen sind, darüber vgl. Gaupp-Stein, C.P.O. Bd. 1 S. 143 fg.[27]

---

[22] Vgl. R.O.H.G. 2. Sen. vom 2. Februar 1876. Entschdgn. Bd. 21 S. 842

[23] Planck C.P.O. Bd. I S. 224.

[24] Im Falle des § 1693 B.G.B. und des Art. 69 § 2 Preuß. Ausf. Ges. zum B.G.B.

[25] Der Nachlaßverwalter ist gesetzlicher Vertreter der Erben in Ansehung der Nachlaßverwaltung. Motive Bd. V S. 548 fg.; Endemann Bd. III § 99 S. 487; Neumann Bd. II zu § 1985 Anm. I; Planck Bd. V S. 36 fg. Anm. III, 5 zu Titel 1 des II. Abschnittes des V. Buchs.

[26] Vgl. Staub, Kommentar zum H.G.B. (1900) Anm. 7 zu § 124 S. 396, Anm. 1 zu § 170 S. 523.

[27] Die einzelne Aufzählung würde über den Rahmen des Themas hinausgehen.

§ 13.
Gerichtsstand. Kosten.

Litteratur: v. Bülow, Komm. zu § 25 u. 3 ä. F. Förster, zu § 25 u. 3 ä. F. S. 42 und 8. Gaupp-Stein, zu § 24 und 3 n. F. I S. 68 fg., 29 fg. Planck C.P.O. I § 16 S. 65; § 10 S. 40; II § 148 Anm. 55, S. 515. Seuffert zu §§ 25 u. 3 ä. F. S. 30 fg., 3 fg. Struckmann-Koch zu §§ 24 u. 3 n. F. S. 25 fg., 2 fg. Wach I S. 391. Wilmowski-Levy zu § 25 u. 3 ä. F. S. 58 fg., 24 fg. Petersen-Anger zu §§ 24 u. 3 n. F. S. 60 fg., 8 fg.

I. Die Grenzabmarkungsklage des B.G.B. gehört vor die ordentlichen Gerichte. Gleichgültig ist dabei, ob sich die Liegenschaften im Eigentume von Privatpersonen oder öffentlich-rechtlichen Verbänden, Körperschaften u. s. w. befinden.[1] Auch hinsichtlich solcher Grundstücke, die sich im Eigentum öffentlich-rechtlicher Körperschaften, Verbände u. s. w. befinden und dem öffentlichen Gebrauche bewidmet sind, (öffentlichen Straßen, Wegen, Chausseen, Plätzen, Hafenanlagen, Stromufern, Kirchhöfen, Begräbnisplätzen, Staatsgebäuden u. s. w.) ist die Klage im ordentlichen Rechtswege gegeben.[2] Eine Ausnahme macht der singuläre Fall, daß die Landesgrenze durch die Abmarkung betroffen wird. Hier bestimmt, da es sich um ein öffentlich-rechtliches Verhältnis handelt, das Landesrecht die Zuständigkeit. Und dieses hat für Preußen die Regelung solcher Grenzabmarkungsansprüche vor die I. Abteilung der Kgl. Bezirksregierungen verwiesen (§ 13 N. 1 Verordn. vom 30. April 1815, § 2 N. 1 Instr. vom 23. Oktober 1817).[3]

II. Der Gerichtsstand der Grenzabmarkungsklage ist zunächst der

---

[1] Das gilt in Preußen auch für Güter, die zum Kgl. Kronfideikommiß gehören. Zuständig ist nicht der Geheime Justizrat (§ 18 pr. A.G. zum G.V.G.), sondern das ordentliche Gericht der belegenen Sache. R.G. V C.S. vom 26. III. 1898 Bd. 41 S. 388 fg.

[2] Vor die Verwaltungsgerichte gehören dagegen — wenigstens in Preußen — Klagen auf Abmarkung der Grenze von Kreisen, Stadtbezirken, ländlichen Gemeinde- und Gutsbezirken (§§ 8, 23, 26 pr. Zuständ.-Ges.), falls diese je praktisch werden sollten. Für Bayern vgl. Staudinger, Anm. 2 zu § 920 Bd. III S. 70.

[3] Abweichend Dernburg, Sachenr. III S. 252, der das Verfahren nach § 33, I. 42. A.G.O. geregelt wissen will. Diese Bestimmung der Allgemeinen Gerichtsordnung ist indessen durch die im Texte citierten Verordnungen resp. Instruktionen obsolet geworden. Ebenso: Basch, Die Allgemeine Gerichtsordnung in ihrer heutigen Gestalt und Geltung (Berlin 1880) S. 70.

ausschließliche dingliche des § 24 R.C.P.O. (örtlicher Gerichtsstand). Die Ausschließlichkeit des Gerichtsstandes hat die Unzulässigkeit der Prorogation und die Prüfung der Zuständigkeit von Amtswegen zur Folge (§ 40 II, 274 Ziff. 1 C.P.O.). Liegen die Nachbargrundstücke in verschiedenen Gerichtsbezirken, so hat das gemeinsame Obergericht nach § 36 Ziff. 4 C.P.O. die Zuständigkeit zu bestimmen.

Der Gerichtsstand bemißt sich weiter nach dem Objekt, des Anspruchs (sachlicher Gerichtsstand § 23 Nr. 1; § 70 Abs. 1 G.V.G.). Von großer Bedeutung hierbei ist, daß der Grenzabmarkungsanspruch ganz auf dem Gebiete des Vermögensrechts liegt (s. § 10 Anm. 8 S. 46).[4] Es handelt sich mithin stets um einen vermögensrechtlichen Anspruch, dessen Wert das Gericht nach freiem Ermessen bestimmt (§ 3 C.P.O.).[5] Für das Ermessen des Gerichts dient nach allgemeinen prozessualen Grundsätzen das Interesse des Klägers als Anhaltepunkt, indessen ist der wirtschaftliche Nutzen, den Kläger vom Ausgange des Prozesses erwartet, nicht entscheidend.[6]

§ 14.

Klaghäufung.

Litteratur: Windscheid I §. 45 N. 3 S. 106 fg. Winscheid-Kipp I § 45 N. 3 S. 167 fg. Förster-Eccius I § 48 S. 235 fg. Bähr, Urteile des Reichsgerichts mit Besprechungen (1883) XVI S. 143 fg. Stölzel, Schulung für die civilistische Praxis 4. Auflg. (1900) Kap. 7 S. 169 fg.

Hahn, Materialien S. 31, 255—258, 585—586, 963. Wach I § 41 S. 486 fg., § 43 S. 491 fg. Planck, C.P.O. II § 137 S. 420. v. Bülow zu § 232 ä. F. S. 165 fg. Seuffert zu § 232 ä. F. S. 316 fg. Gaupp-Stein zu

[4] Er ist also stets schätzbar (R.G. I C.S. vom 7. Juni 1882, Entsch. Bd. X S. 322), so daß § 10 G.K.G. niemals Anwendung finden kann.

[5] Die §§ 6 fg. C.P.O. enthalten nichts.

[6] R.G. I C.S. vom 5. Juli 1881, Entsch. Bd. V S. 408; I C.S. vom 13. I. 1884 Bd. XII S. 155; Beschl. Sen. vom 23. XI. 1889 Jur. Woch. 1889 S. 499; V C.S. vom 23. XI. 1889 bei Gruchot XXXIV S. 1136; VII C.S. Beschl. vom 1. Juni 1900 Jur. Woch. 1900 S. 520 Nr. 8. Petersen-Anger zu § 3 S. 9. Wach S. 391. Das Interesse des Klägers erschöpft sich übrigens keineswegs in den auf ihn entfallenden Kosten der Abmarkung.

§ 260 n. F. I S. 550 fg. Petersen-Anger zu §§ 256, 260 n. F. I S. 509 fg.; 529 fg. Struckmann-Koch zu § 260 n. F. S. 296 fg. Wilmowski-Levy zu § 232 ä. F. I S. 373 fg. Wach, der Feststellungsanspruch (1889) S. 4 fg., 15 fg.

I. Die Grenzabmarkungsklage tritt in der Praxis nur höchst selten isoliert auf. In der Regel wird sie mit anders gearteten materiellrechtlichen Ansprüchen verbunden werden (objektive Klaghäufung). Insbesondere wird die Grenzabmarkungsklage in zahlreichen Fällen gleichzeitig mit der Grenzscheidungsklage angestrengt.[1]

Rönnberg[2] hat die Zulässigkeit solcher Verbindung bestritten. Er macht insbesondere geltend, daß die Grenzabmarkungsklage, wenn sie Einigkeit über den Grenzzug voraussetze, niemals mit der diese Voraussetzung bezielenden Grenzscheidungsklage verbunden werden dürfe. Diese prozessuale Folgerung ist unrichtig. Allerdings ist die Einigkeit über den Grenzzug, welche der Grenzscheidungsanspruch bezielt, Voraussetzung für den Grenzabmarkungsanspruch. Die R.C.P.O. verbietet aber in keinem Falle den grundlegenden Rechtsanspruch, der die Voraussetzung eines andern bildet, mit diesem in einer Klage[3] zu verbinden. Das ist noch niemals bestritten worden und kann gar nicht zweifelhaft sein. Denn sonst müßte auch jedes Bestreiten des Klagegrundes, als Voraussetzung des Klaganspruchs zur unbedingten Klagabweisung führen. Die Ungeheuerlichkeit dieser unabweislichen Folgerung liegt auf der Hand.

Zu demselben Ergebnisse gelangt man, wenn man in der Grenzscheidungsklage den Anspruch auf Feststellung eines Rechtsverhältnisses i. S. des § 256 C.P.O. erblickt, was hier dahingestellt

---

[1] Matthiaß § 35 III S. 82. Scherer Bd. III Nr. 203 S. 107. Staudinger Bd. III S. 71 Anm. 5 zu § 920.

[2] Siehe § 11 III S. 52 oben. Zweifelhaft auch Fischer-Henle Anm. 5 zu § 919.

[3] Unstatthaft ist dagegen die Einführung einer neuen, sowohl im Klagantrage als im Klagegrunde von der alten verschiedenen Klage im Laufe eines anhängigen Rechtsstreits, „es müßte denn ein die verbundene Verhandlung rechtfertigender innerer Zusammenhang bestehen“ (arg. C.P.O. § 280). Planck II S. 420 Anm. 70.

bleiben muß.[4] Können nämlich zwei Rechtsansprüche, von denen einer die Voraussetzung des andern bildet, in einer Klage verbunden werden, so dürfen auch mit der Klage auf Feststellung eines Rechtsverhältnisses sachliche Ansprüche aus diesem Rechtsverhältnisse geltend gemacht werden.[5]

Denn der Feststellungsanspruch ist lediglich die Voraussetzung des Leistungsanspruchs: jede auf Leistung gerichtete Klage ist ihrem Wesen nach nichts anderes als eine Klage auf Feststellung eines Rechtsverhältnisses, mit welcher sachliche Ansprüche aus diesem Rechtsverhältnisse geltend gemacht werden. Feststellungs- und Leistungsklage sind keineswegs einander ausschließende Klagen. Beide sind auf ein und dasselbe Recht gerichtet, je nach den verschiedenen Stadien seiner Verletzung. Die Feststellungsklage kann sich im Laufe des Prozesses in eine Leistungsklage verwandeln und umgekehrt. Beide Klagen werden — wie die tägliche Praxis beweist — unzählige Male mit einander verbunden. Ohne dies würde es einfach unmöglich sein, vielen Rechtsverhältnissen gerecht zu werden.

Mit dem Angriffe Rönnbergs ist es also nichts!

Dagegen stellt die R.C.P.O. allerdings zwei andere Beschränkungen für die Verbindung der Grenzabmarkungsklage mit andern Klagen auf. Und zwar muß für sämtliche verbundenen Klagen erstens dieselbe Prozeßart zulässig und zweitens dasselbe Gericht zuständig[6] sein. Liegen diese Voraussetzungen vor, so ist jede Klaghäufung, sie mag beschaffen sein, wie sie wolle, zulässig. Allerdings steht es auch dann im Ermessen des Gerichts, anzuordnen, daß die mehreren in einer Klage erhobenen Ansprüche in getrennten Pro-

---

[4] Siehe § 18 VI S. 90 unten.

[5] Vgl. insbesondere Bähr S. 152 fg. Stölzel S. 169—170. Petersen-Anger S. 513 Anm. I 4 zu § 256. Dagegen R.G. II C.S. vom 25. X. 1881, Entsch. Bd. V S. 393—394. Eccius I § 48 S. 235 fg. Wilmowski-Levy zu § 231 I S. 362 fg. Gaupp-Stein zu § 256 n. F. S. 533 fg. ꝛc. Schwankend das R.G. in neueren Entscheidungen II C.S. vom 6. XI. 1891. Jur. Woch. 1891 S. 553 Nr. 8; VI C.S. vom 26. I. 1893. Jur. Woch. 1893 S. 155 Nr. 2; III C.S. vom 12. V. 1896. Jur. Woch. 1896 S. 356 Nr. 6; III. C.S. vom 28. X. 1898. Jur. Woch. 1898 S. 659 Nr. 11.

[6] Wohl zu beachten ist, daß für die Grenzabmarkungsklage der ausschließliche Gerichtsstand des § 24 C.P.O. gilt.

zessen verhandelt werden (§ 145 Abs. 1 C.P.O.). Aber eine Klagabweisung von Amtswegen ist ausgeschlossen.

Grenzabmarkungsklage und Grenzscheidungsklage können also und werden häufig mit einander verbunden werden. Ebenso wird häufig die Eigentumsklage in den Formen der rei vindicatio, der actio negatoria und der Klage auf Feststellung des Eigentums mit der Grenzabmarkungsklage verbunden werden.[7] Auch die Verbindung der Besitzklage mit der Grenzabmarkungsklage ist nicht ausgeschlossen. Ebensowenig die Geltendmachung von Schadensersatzansprüchen in demselben Verfahren,[8] so daß z. B. die Verbindung von rei vindicatio, Anspruch auf Schadensersatz wegen entgangener Früchte, Grenzabmarkungsklage vorkommen dürfte. Für alle diese Fälle ist zu beachten, daß durch die Verbindung materiell abweichend gearteter Ansprüche mit einander, sich die Substantiierung der Gesamtklage, die Aktiv- und Passivlegitimation, die Beweispflicht u. s. w. wesentlich anders gestalten können als bei der isolierten Klage. Dies im einzelnen näher zu ergründen, erscheint Sache des speziellen Falles. Zu betonen ist, weil positivrechtlich bestimmt, daß, sowie einer der verbundenen Ansprüche entscheidungsreif ist, Teilurteil erlassen werden darf (§ 301 C.P.O.).

II. Von der objektiven Klaghäufung ist zu unterscheiden die subjektive Klaghäufung. Sie liegt dann vor, wenn entweder mehrere Personen die Grenzabmarkungsklage gemeinschaftlich erheben (aktive Streitgenossenschaft) oder diese Klage gegen mehrere Personen gemeinschaftlich gerichtet wird (passive Streitgenossenschaft) §§ 59 fg. C.P.O. Wann subjektive Klaghäufung praktisch werden dürfte, ist bei Erörterung der Aktiv- und Passivlegitimation besprochen worden.[9] Hier muß darauf verwiesen werden.

III. Objektive und subjektive Klaghäufung können mit einander

---

[7] Beispiel: Verbindung von Eigentumsklage, Besitzklage und Grenzabmarkungsklage. Wohl zu unterscheiden ist hiervon das Verlangen provisorischer Abmarkung im Besitzprozesse (vgl. § 7 S. 39 oben), etwa durch einstweilige Verfügung, welches eine vorläufige Maßregel zum Schutze des Besitzes herbeiführt, mit der Grenzabmarkungsklage aber nichts gemein hat.

[8] Was nach Preußischem Rechte unzulässig war. Siehe § 5 VII S. 34 oben.

[9] Siehe § 12 I 1 u. 3 S. 55, 58, 59 oben.

kombiniert werden, entweder so daß die verbundenen Klagen (Beispiel: Grenzabmarkungs- und Grenzscheidungsklage) von oder gegen sämtliche Streitgenossen, oder daß sie nur von einzelnen oder nur gegen einzelne Streitgenossen angestellt werden. Gegen Unzuträglichkeiten bietet die Trennungsbefugnis des Gerichts (§ 145 Abs. 1 C.P.O.) eine Aushilfe.

§ 15.

Verteidigungsmittel. Beweispflicht. Beweismittel.

Litteratur: Dernburg, Pandekten I § 158, 159 S. 374 fg. Regelsberger, Pandekt I §§ 192, 195 S. 681, 693 fg. Windscheid, Pandekt. I § 47, 48 S. 111 fg. Windscheid-Kipp, Pandekt. I §§ 47, 48 S. 173 fg. Stölzel, Schulung I S. 49, 87, 212, 219.

Motive III S. 269—270. Rönnberg S. 284—286. Hahn, Materialien S. 7, 158, 533, 537, 540, 940. v. Bülow zu § 33 ä. F. S. 18 fg. Gaupp-Stein zu § 33 n. F. I S. 92—99. Petersen-Anger zu § 33 n. F. I S. 84 fg. Planck I § 19 S. 70 fg. Seuffert zu § 33 ä. F. S. 43 fg. Struckmann-Koch zu § 33 n. F. S. 35 fg. Wach I. § 40 S. 474 fg., insb. S. 482. Wilmowski-Levy zu § 33 ä. F. I S. 70 fg.

I. Gegen den Angriff des Klägers, welcher in der klageweisen Geltendmachung des Anspruchs auf Abmarkung enthalten ist, stehen dem Beklagten zweierlei Verteidigungsmittel zu Gebote: A) Einreden, B) Widerklagen.[1]

A. Die einzelnen Einreden des Beklagten zu erörtern, erscheint ihrer Unerschöpflichkeit wegen thatsächlich ausgeschlossen. Es muß indessen darauf hingewiesen werden, daß zwei Einreden dem Beklagten aus rechtlichen Gründen versagt sind:

a) die Einrede des Verzichts.[2] Denn der Abmarkungsanspruch dient zugleich öffentlichen Interessen (§ 1 S. 7 oben). Er sichert die Erhaltung der öffentlichen Ordnung.

---

[1] Die Widerklage muß von dem Beklagten oder von einem der Beklagten der Vorklage erhoben werden. Sie kann gegen jeden von mehreren aktiven Streitgenossen gerichtet werden. Der Nebenintervenient (siehe § 12 Anm. 7 S. 57 oben) darf sie nicht erheben. Gaupp-Stein I S. 99 Anm. II, 5 zu § 33. Seuffert Anm. 3c zu § 33 S. 45.

[2] Vgl. Motive III S. 269, 270.

Ein dinglicher oder obligatorischer[3] Verzicht verstößt deshalb gegen die gute Sitte (§ 138 B.G.B.). Ferner aber ist die Grenzabmarkungsklage ein Ausfluß des Eigentums ein dinglicher Anspruch aus dem Eigentume. Ein dinglich wirksamer Verzicht hierauf bedürfte der Eintragung in das Grundbuch. Solche Eintragung ist aber wiederum ausgeschlossen. Denn der Kreis der durch Eintragung zu sichernden Rechte ist im B.G.B. genau umgrenzt.[4] Der Verzicht auf den Grenzabmarkungsanspruch fällt nicht darunter.[4]

b) die Einrede der Verjährung. Das bestimmt das Gesetz ausdrücklich[5] (§ 924 B.G.B.).

B. Was die Widerklagen anlangt, so verträgt der Prozeß allgemein die Erhebung einer solchen[6] und zwar sind gegenüber der Grenzabmarkungsklage auch Widerklagen anderer Rechtsnatur zulässig. Beschränkend kommt für die Zulässigkeit von Widerklagen nur in Betracht, daß sie mit dem Hauptanspruch auf Abmarkung und den dagegen vorgebrachten Verteidigungsmitteln im Zusammenhange stehen müssen und daß für sie kein abweichender ausschließlicher Gerichtsstand begründet sein darf.[7] Zusammenhang ist hier gleichbedeutend mit rechtlichem Zusammenhang. Rechtlicher Zusammenhang der Ansprüche ist aber insbesondere dann vorhanden,[8] wenn sie aus demselben Rechtsverhältnisse entspringen oder wenn

---

[3] Zu eng: Staudinger Anm. 1 § 919: „Ein früherer Verzicht auf Grenzzeichen kann den Rechtsnachfolger nicht binden". Wie Staudinger: Fischer-Henle Anm. 5 zu § 919. Goldmann-Lilienthal Anm. 5 S. 278. Matthiaß II § 15 S. 41. Planck, B.G.B. Anm. 7 zu § 919. Turnau-Förster I, 301.

[4] Entsch. des Kammergerichts Berlin vom 12. III. 1900. Johow-Ring I A. S. 91—96; vom 8. VII. 1900. Entscheidungen in Angelegenheit der freiwill. Gerichtsbarkeit, zusammengestellt im Reichsjustizamt 1900 S. 123 Heft 3; vom 8. X. 1900. Johow-Ring I A. S. 297 fg.; vom 24. XII. 1900. Johow-Ring II A. S. 133 fg. ꝛc.

[5] Die Bestimmung ist selbstverständlich. Siehe oben § 10, III S. 49. Ebenso Rönnberg S. 284, 285.

[6] Gaupp-Stein I S. 94 Anm. II, 4. Seuffert S. 45 Anm. 3d zu § 33.

[7] Sachlich zuständig braucht dagegen das Gericht der Vorklage auf Abmarkung nur insofern zu sein, als eine Widerklage, die als Klage vor das Landgericht gehörte, bei einem Amtsgerichte ohne Einwilligung des Klägers nicht erhoben werden darf. Seuffert zu § 33 Anm. 3 f. S. 47.

[8] R.G. vom 15. März 1884, Entsch. Bd. XI S. 423. Gaupp-Stein I

der eine Anspruch die Bedingung bildet für die Existenz des andern. Hiernach dürften vorzugsweise Eigentums- und Grenzeigentumsansprüche widerklagend geltend gemacht werden. Indessen sind auch possessorische Widerklagen denkbar. Für alle Fälle der Rekonvention ist zu beachten, daß die Widerklage häufig andere Voraussetzungen an die Sachlegitimation u. s. w. stellen dürfte als die Hauptklage. So ist z. B. eine Widerklage aus dem Eigentume dann wirkungslos, wenn der Ehemann auf Grenzabmarkung eines zum eingebrachten Frauengute gehörigen Grundstücks angetragen hat.[9] Denn der Ehemann ermangelt der Passivlegitimation in Bezug auf das eingebrachte Vermögen und das auf die Widerklage ergehende Urteil würde der Ehefrau gegenüber wirkungslos sein (§ 739 C.P.O.). Dasselbe gilt für den Fall, daß ein Miteigentümer, der Prokurist, der Zwangsverwalter die Grenzabmarkungsklage erhoben haben, und gegen sie aus dem Eigentume widergeklagt wird. Denn diese Personen dürfen über Grundeigentum nicht verfügen (§§ 744 B.G.B.; § 49 II H.G.B.; § 152 R.Zwv.G.). Das auf die Widerklage ergehende Urteil würde also der Rechtskraft gegenüber dem Grundeigentümer entbehren. In den vorgetragenen Fällen empfiehlt es sich, die Widerklage zum Gegenstande eines besonderen Prozeßverfahrens zu machen und bis zu dessen Entscheidung die Aussetzung des Hauptprozesses über die Grenzabmarkungsklage auf Grund des § 148 C.P.O. zu erwirken.[10] Die Ergründung der möglichen Komplikationen muß dem Einzelfalle überlassen bleiben.

Unter den für die Widerklage geltenden Beschränkungen ist auch eine Widerklage gegen die Widerklage zulässig.[11] Eine solche Widerklage zweiter Potenz wird insbesondere dann erhoben werden müssen, wenn gegen die Vorklage auf Abmarkung Widerklage aus dem Eigentume oder auf Grenzscheidung angestrengt worden ist. Denn Voraussetzung der Grenzabmarkungsklage ist Sicherheit und Unbestrittenheit der Grenzlinie. Wird die Grenz-

---

S. 97, 98. Planck C.P.O. I § 19, 4 S. 73, 74. Seuffert zu § 33 Anm. 3e S. 45. Wach I S. 482.

[9] Siehe § 12, I, 3 S. 58 oben.

[10] Vgl. Motive III S. 446.

[11] Seuffert zu § 33 Anm. 5 S. 48.

linie vom Gegner im Laufe des Prozesses mittelst Widerklage in Frage gestellt, so kann der Grenzabmarkungsanspruch nur dadurch aufrecht erhalten werden, daß der Kläger seinerseits widerklagend auf Grenzscheidung anträgt.

II. Die Beweispflicht des Klägers umfaßt nach allgemeinen Rechtsgrundsätzen die Substantiierung der Klage, wozu insbesondere auch die Sachlegitimation gehört. Der Kläger hat also unter Beweis zu stellen: 1. daß er und sein Gegner zur Grenzabmarkung sachlich legitimiert sind, 2. daß ihre Grundstücke aneinander grenzen, 3. daß der Grenzzug selbst gewiß und unbestritten[12] ist, feste erkennbare Grenzzeichen dagegen fehlen.

Der Beklagte darf nach allgemeinen prozessualen Grundsätzen hinsichtlich aller Behauptungen, die der Beweispflicht des Klägers unterliegen, Gegenbeweis antreten. Einwendungen, die über Substantiierung und Legitimation hinausgehen, muß er beweisen. So fällt ihm z. B. der Beweis darüber zur Last, daß eine rechtsgültige Vereinbarung besteht, inhalts deren die Kosten der gemeinsamen Vereinung vom Kläger zu tragen sind u. s. w.

III. Die Beweismittel sind die allgemein üblichen: Sachverständige, Augenschein, Urkunden, Zeugen, Eidesdelation. Eine besondere Wertung der Beweismittel nach ihrer Autorität ist im Gegensatz zum Preußischen und Gemeinen Recht weder im Gesetzbuche noch in der C.P.O. getroffen (vgl. auch § 14 Ziff. 2 u. 3 E.G. zur C.P.O.).

§ 16.

Urteil. Rechtskraftwirkungen desselben.

Litteratur: Laurent S. 495—498. Dernburg, Pandekt. I 161 fg. S. 380 fg. Regelsberger I § 196 fg. S. 698 fg. Eccius-Förster I §§ 55 fg. S. 278 fg. Windscheid I §§ 129 fg. S. 367 fg. Windscheid-Kipp I §§ 129 fg. S. 564 fg.

Motive I S. 357 fg. Protokolle I S. 253 fg. VI. S. 142, 660 fg. Planck, B.G.B. I Vorbem. S. 38 fg.

Hahn, Materialien S. 38, 158, 290—292; 607—609, 971; v. Bülow zu § 293 ä. F. S. 212 fg. Fitting, Lehrb. § 71.

---

[12] Bestreitet der Beklagte im Prozesse den Grenzzug selbst, so ist der klägerische Beweis der Gewißheit und Unstreitigkeit der Grenze mißlungen. Der Kläger muß, wenn er den Grenzabmarkungsanspruch aufrecht erhalten will, auf gleichzeitige Grenzscheidung antragen. (Siehe oben I am Ende.)

Gaupp-Stein zu § 322 n. F. I S. 711 fg. Petersen-Anger zu § 322 n. F. I S. 678 fg. Planck, I § 53 S. 254 fg. Schmidt, Lehrb. § 97. Struckmann-Koch zu § 322 u. F. S. 402 fg. Seuffert zu § 293 ä. F. S. 417 fg. Wilmowski-Levy zu § 293 ä. F. I S. 491 fg. Wach-Laband, Zur Lehre von der Rechtskraft, 3 Rechtsgutachten 1899. Schwarz, Absolute Rechtskraft und heutiges Deutsches Recht in der Festgabe für H. Dernburg zum 50jähr. Doktorjubiläum, überreicht von der jurist. Fakultät der Universität Berlin 1900. Mendelssohn-Bartholdy, Grenzen der Rechtskraft 1900.

A. Das Urteil im Grenzabmarkungsprozesse unterliegt keinerlei Besonderheiten. Es wird je nach dem Ergebnisse der mündlichen Verhandlung, insbesondere der Beweisaufnahme (§ 268 C.P.O.) dem Klageantrage stattgeben oder auf Klagabweisung lauten. Ergeht ein verurteilendes Erkenntnis, so lautet es, auf Mitwirken des Beklagten, bei der Abmarkung nach der Praxis auch auf ein Geschehenlassen, Dulden, daß die Grenze durch den Katasterbeamten abgemarkt werde.[1] Das Urteil muß auf Antrag gegen oder ohne Sicherheitsleistung für vorläufig vollstreckbar erklärt werden §§ 709 Ziff. 4, 710 C.P.O. Anerkenntnisurteile, Versäumnisurteile sind unbeschränkt statthaft. Über mögliche Teilurteile vgl. § 14 I am Ende S. 66. Zu bemerken ist, daß die Kosten des Rechtsstreits, über welche das Urteil von Amtswegen zu befinden hat (§ 308 II C.P.O.), wohl zu unterscheiden sind von den Kosten der Abmarkung. Diese tragen nach gesetzlicher Vorschrift beide Parteien anteilig (§ 919 III B.G.B.).[2] Der Kläger ist also dafür mitverhaftet. Die Kosten des Rechtsstreits trägt nach allgemeinen Rechtsgrundsätzen der unterliegende Teil (§§ 91 fg. C.P.O.).

Gegen das Urteil steht nach allgemeinen Rechtsgrundsätzen den Parteien der Rechtsmittelweg offen. Hervorzuheben ist, daß — da ein vermögensrechtlicher Anspruch in Frage steht[3] — die

---

1) Siehe § 11 Anm. 2 S. 52 oben. Die Ermächtigung, die Abmarkung auf gemeinsame Kosten allein vorzunehmen (§ 887 C.P.O.) kann dem Kläger im Urteile nicht erteilt werden R.G. Bd. 34 S. 173. Petersen II S. 584 Anm. 57 § 887.

2 Siehe § 17 S. 85 unten.

3 Siehe § 13, II S. 63 oben. Auch über das Vorhandensein dieser Beschwerdesumme entscheidet das Revisionsgericht nach freiem Ermessen R.G. III C.S. vom 12. XII. 1880 Entsch. Bd. III S. 96.

Zulässigkeit der Revision von dem Vorhandensein einer Beschwerdesumme von 1500 Mk. abhängt (§ 546 C.P.O.).

B. Für die Rechtskraftwirkung des Urteils[4] im Grenzabmarkungsprozeß gilt das Folgende. Behandelt wird zunächst der Umfang, dann der Inhalt der Rechtskraftwirkung.

I. Das rechtskräftige Urteil im Grenzabmarkungsprozesse wirkt für und gegen die Parteien (§ 325 Satz 1). Wer die Parteien sind, darüber ist bei der Frage nach der Aktiv- und Passivlegitimation ausführlich gesprochen worden (§ 12 S. 55 fg. oben).

II. Das rechtskräftige Urteil im Grenzabmarkungsprozesse wirkt ausnahmsweise über die Parteien hinaus.[5] Es ist dies, wie hervorgehoben werden muß, eine Ausnahme von der allgemeinen Regel, daß das Urteil lediglich unter den Prozeßparteien wirkt. Die Ausnahme darf nach dem allgemeinen Rechtsgrundsatze, daß Ausnahmen strikte zu unterpretieren sind, nicht weiter ausgedehnt werden, als allgemeine Rechtsgrundsätze oder posive Bestimmungen des Gesetzes dies zweifellos gestatten.

1. Unter diese Ausnahme gehört zunächst der Fall, daß der Rechtsstreit von dem gesetzlichen Vertreter der Partei oder gegen ihn geführt worden ist. Alsdann wirkt das rechtskräftige Urteil für und gegen die Partei. Denn der gesetzliche Vertreter gilt als die Partei selbst: er berechtigt und verpflichtet nach allgemeinen Rechtsgrundsätzen durch seine Rechtshandlungen seine Partei ebenso wie diese selbst Rechte erwerben oder sich verpflichten würde. Führt also der elterliche Gewalthaber, der Vormund, Pfleger (Nachlaßpfleger, Nachlaßverwalter), der Beistand den Grenzabmarkungsprozeß, so wirkt das in demselben ergangene rechtskräftige Urteil für und gegen die vertretenen Schutzbefohlenen als Eigentümer. Führt der vertretungsberechtigte offene Handelsgesellschafter, der Komplementar den Grenzstreit, so ergeht das Urteil für und wider die vertretene Handelsgesellschaft u. s. w.

2. Unter diese Ausnahme gehören diejenigen Fälle, in denen an Stelle des Eigentümers die im öffentlichen Interesse zur Verwaltung seines Vermögens berufenen Organe: Zwangsverwalter

[4] Gleichgültig, ob es die Klage abweist, oder den Beklagten verurteilt. Anders bei der Grenzscheidungsklage. Siehe § 24 B. I S. 104 unten.

[5] Wach-Laband, Rechtskraft S. 8 fg.

und Konkursverwalter den Grenzabmarkungsprozeß geführt haben. Dabei sind die Wirkungen des rechtskräftigen Urteils noch über den Eigentümer hinaus auf andere Personen erstreckt. Denn da Konkursverwalter und Zwangsverwalter kraft Gesetzes zur Prozeßführung mit Wirksamkeit für und gegen das von ihnen verwaltete Vermögen legitimiert sind, so muß die Rechtskraftwirkung des von ihnen erstrittenen Urteils auf die Gesamtheit der Gläubiger ausgedehnt werden, denen sie gegenüberstehen.[6] Für den Konkursverwalter kommt die analog auszudehnende Bestimmung des § 147 K.O. in Betracht. Gleiches ist Rechtens für den Zwangsverwalter.

Anzuschließen ist der positiv gesetzlich geregelte Fall, daß das Urteil im Grenzabmarkungsprozesse für oder gegen den Testamentsvollstrecker ergangen ist. Die Rechtskraftwirkungen eines solchen Urteils erstecken sich auf den Erben resp. die Miterbengesamtheit als Eigentümer (§ 327 C.P.O.).

3. Hierher gehören eine Anzahl verschiedenartiger Fälle, die das Gesetz positiv normiert hat.

a) § 325 C.P.O. Das rechtskräftige Urteil im Grenzabmarkungsprozeß wirkt für und gegen diejenigen Personen, welche nach Eintritt der Rechtshängigkeit Rechtsnachfolger der Parteien geworden sind.

Hierher gehören die Gesamtrechtsnachfolger einer der Parteien wie der Erbe, die Miterbengesamtheit u. s. w.

Hierher gehören ferner die Sonderrechtsnachfolger einer der Parteien, sei es kraft Verfügung unter Lebenden oder von Todeswegen, so z. B. der Übernehmer des Vermögens (§ 419 B.G.B.), der Käufer, Erbschaftskäufer, Eintauscher, Beschenkte, Vermächtnisnehmer, Auflageberechtigte u. s. w. Sonderrechtsnachfolger in diesem Sinne sind auch die Rechtsnachfolger kraft eigenen Rechts wie der Lehnsinhaber, Fideikommiß-Stammgutsbesitzer.[7] Sonderrechtsnachfolger sind ferner diejenigen Personen, die nach Eintritt der Rechtshängigkeit ein beschränktes dingliches Recht an dem Streitgrundstücke erlangt haben (partielle Sonderrechtsnachfolger) wie z. B. der beschränkt Nutzungsberechtigte,

[6] „Logische Notwendigkeit einheitlicher Feststellung", Wach-Laband S. 18 fg.
[7] Gaupp-Stein Bd. I S. 733.

der Dienstbarkeitsberechtigte, der Nießbraucher, Pfandgläubiger u. s. w.

Zu den Rechtsnachfolgern (Gesamt- oder Sonderrechtsnachfolgern) der Partei gehören endlich alle, welche vor Eintritt der Rechtshängigkeit eins der zu vermarkenden Grundstücke, durch ein aufschiebend bedingtes oder betagtes Rechtsgeschäft erworben haben, wenn die Bedingung sich erst während des Rechtsstreits erfüllt.[8]

b) § 325 C.P.O. Das rechtskräftige Urteil im Grenzabmarkungsprozesse wirkt für oder gegen die Personen, die den Besitz des in Streit befangenen Grundstücks in solcher Weise erlangt haben, daß eine der Parteien oder ihr Rechtsnachfolger mittelbarer Besitzer geworden ist. Hierher gehören der Pächter, Mieter, Entleiher, ev. auch der Nießbraucher, Pfandgläubiger u. s. w., dagegen nicht Besitzdiener (§ 858), denn sie entbehren des selbständigen Besitzes.

Für alle unter a und b aufgezählten Fälle trifft das Gesetz die Bestimmung:

„Die Vorschriften des bürgerlichen Rechts zu Gunsten derjenigen, welche Rechte von einem Nichtberechtigten herleiten, finden entsprechende Anwendung" (§ 325 II).

Diese Bestimmung ist für den Grenzabmarkungsstreit bedeutungslos. Denn die auf jedem Grundstücke ruhende Verpflichtung zur Abmarkung ist kein Rechtsmangel im Eigentume dieses Grundstücks, sondern eine jedem Eigentümer des Grundstücks kraft Gesetzes obliegende Verpflichtung, von der auch der gutgläubige Erwerber nicht entbunden ist. Es ist also gleichgültig, ob der spätere Rechtsinhaber gewußt hat, daß ein Grenzabmarkungsanspruch gegen den früheren Rechtsinhaber betrieben werde, oder nicht.

c) § 326 C.P.O. Das rechtskräftige Urteil im Grenzabmarkungsprozeß, das zwischen dem Vorerben und seinem Nachbareigentümer ergangen ist, wirkt auch für und gegen den Nacherben. Denn das ergangene Urteil entspricht niemals einer Verfügung, die der Vorerbe ohne Zu-

[8] Motive I S. 378—379.

stimmung des Nacherben nicht vorzunehmen befugt wäre. Es führt einen reinen Verwaltungsakt herbei (§ 10, VI am Ende S. 51 oben).

d) Das rechtskräftige Urteil im Grenzabmarkungsprozesse wirkt, falls auf der Aktiv- oder Passivseite Eheleute stehen, je nach dem Güterstande über den Ehegatten, der Partei ist, hinaus auf den andern Ehegatten.

α) Gehört das abzumarkende Grundstück zum eingebrachten Vermögen, so ergeben sich folgende Rechtskraftwirkungen:

α 1) Aktivseite. Der Ehemann hat den Rechtsstreit im eigenen Namen ohne Zustimmung der Ehefrau geführt. Das rechtskräftige Urteil wirkt auch gegenüber der Ehefrau, denn es entspricht niemals einer Verfügung, die der Ehemann ohne Zustimmung seiner Frau nicht vornehmen durfte (1375 fg. B.G.B.), dient vielmehr lediglich dem Schutze des Grundeigentums gegen mögliche künftige Angriffe (Verwaltungsakt) § 1380 B.G.B.

α 2) Passivseite. Die Ehefrau ist ohne Zuziehung des Ehemannes verklagt worden. Das rechtskräftige Urteil wirkt nach der positiven Vorschrift des § 1400 I B.G.B. nicht gegenüber dem Ehemann.[9]

β) Gehört das abzumarkende Grundstück zum gütergemeinschaftlichen Vermögen, so gilt Folgendes:

α 1) Aktivseite. Der Ehemann hat den Rechtsstreit in eigenem Namen ohne Zustimmung der Frau geführt. Das rechtskräftige Urteil wirkt auch gegenüber der Ehefrau § 1443 I B.G.B.

β 1) Passivseite. Die Ehefrau ist selbständig ohne Zuziehung des Ehemannes verklagt worden. Das Urteil wirkt dem

[9] Hier fallen also Passivlegitimation und Rechtskraftwirkung in eigenartiger Weise auseinander. D. h.: Der Ehemann kann seinerseits nochmals auf Vermarkung antragen. Die actio judicati aus dem 1. Urteile auf Erstattung der anteiligen Kosten der Abmarkung aus dem eingebrachten (gütergemeinschaftlichen) Vermögen kann gegen den Ehemann nicht gerichtet werden. Dagegen haftet das eingebrachte (gütergemeinschaftliche) Vermögen für die Prozeßkosten kraft positivrechtlicher Bestimmung § 1412 II (1460 II) B.G.B.

Manne gegenüber in Ansehung des Gesamtgutes nicht. § 1443 I B.G.B.[10]

In allen Fällen, in denen das rechtskräftige Urteil für und gegen den Grundeigentümer wirkt, erstrecken sich seine Rechtskraftwirkungen auch auf diejenigen, die zur Zeit des Eintritts der Rechtshängigkeit an dem Grundstücke bereits dinglich berechtigt waren, oder den Besitz desselben in der Art erlangt hatten, daß der Grundeigentümer mittelbarer Besitzer geworden war.[11] Das Urteil wirkt also auch für und gegen die Pfandgläubiger, Nießbraucher, Servitutberechtigten, Pächter, Mieter, Entleiher u. s. w., die diese Stellung bereits bei Beginn des Prozesses hatten.[12] Denn alle diese Personen werden hinsichtlich des Grenzabmarkungsanspruchs lediglich durch den Grundeigentümer resp. den an seiner Stelle Sachlegitimierten vertreten. Sie gelten also nicht als Dritte in dem Sinne der Rechtsregel, daß das Urteil nur unter den Parteien und nicht gegenüber Dritten wirkt.

III. In allen ad II nicht behandelten Fällen wirkt das rechtskräftige Urteil im Grenzabmarkungsprozeß nach der allgemeinen Rechtsregel lediglich unter den Prozeßparteien, gleichgültig ob neben dem eigentlichen Grundstückseigentümer noch andere Personen aktiv oder passiv sachlegitimiert sind oder nicht. Es ergeben sich daraus eine Anzahl Fälle, in denen Aktiv- oder Passivlegitimation einerseits, Rechtskraftwirkung andererseits auseinanderfallen. Die Passivlegitimation der gütergemeinschaftlichen Ehefrau und dee Ehefrau des gesetzlichen Güterstandes in Beziehung auf die Grenzabmarkungsklage einerseits, die Nichtwirkung des gegen sie erstrittenen Urteils gegenüber dem Ehemanne in Ansehung des eingebrachten und gütergemeinschaftlichen Vermögens andererseits ist bereits hervorgehoben (Anm. 9 oben). Weitere Fälle sind die folgenden. Das rechtskräftige Urteil im Grenzabmarkungsprozesse, welches von einem Miteigentümer erstritten wird, wirkt nicht gegenüber den andern Miteigentümern. Ebensowenig wirkt das rechtskräftige Urteil, welches der Lehnsinhaber oder Fideikommißbesitzer erstreiten,

[10] Siehe die vorige Anm.

[11] Biermann, Anm. 5 zu § 920. Cosack II S. 161.

[12] Zweifelnd Motive I S. 377, 378.

gegenüber dem Lehnsherrn, dem Familienverbande.[13] Besonders hervorzuheben sind die Fälle, in denen von oder gegen Personen, deren Eigentum resolutiv bedingt oder durch einen Endtermin befristet ist, ein Urteil erwirkt wird. Beispiel: Jemand hat ein Grundstück durch Kauf unter Einräumung eines bedingten oder befristeten Wiederkaufsrechts an den Verkäufer erworben. Die Bedingung tritt ein. Auch hier erstrecken sich die Rechtskraftwirkungen des Urteils nach Eintritt der Resolutivbedingung bezw. des Endtermins nicht auf diejenigen, an welche das Grundeigentum zurückfällt, also nach dem Beispiel auf den Wiederkäufer. Denn es liegt kein Fall der Rechtsnachfolge vor.

Der Anspruchsberechtigte kann sich in allen Fällen relativer Rechtskraftwirkung dadurch helfen, daß er alle Personen, auf welche sich die Rechtskraftwirkungen erstrecken sollen, mitverklagt (passive Streitgenossenschaft).[14]

Für den Anspruchsverpflichteten ergiebt sich dagegen eine gewisse Härte. Denn er kann von mehreren Personen nach einander in Anspruch genommen werden, auch wenn er gegen den ersten Kläger gesiegt hat. Eine Abhilfe läßt sich nur dadurch erreichen, daß der Anspruchsverpflichtete gegenüber sämtlichen Berechtigten selbständig Feststellungsklage erhebt und gleichzeitig Sistierung des gegen ihn anhängigen Vorprozesses bis zur Entscheidung der Feststellungsklage erwirkt.[15]

IV. Die R e c h t s k r a f t w i r k u n g des Urteils im Grenzabmarkungsprozesse besteht darin, daß das Urteil ein für allemal maßgebend ist für das Rechtsverhältnis unter den Parteien. Der Richter des evtl. zweiten Prozesses ist also an diejenige Entscheidung über die Abmarkung g e b u n d e n, welche in dem ersten Prozesse gefällt ist[16] (früher sog. p o s i t i v e F u n k t i o n der exceptio rei iudicatae[17]. Unrichtig ist es dagegen, zu sagen, daß der Grenz-

---

[13] Vgl. Wach-Laband S. 34—35.

[14] Siehe § 14, II S. 66 oben.

[15] Vgl. § 15, I am Ende S. 69 oben.

[16] Es ist dies streitig, vgl. die Anmerkungen 18 und 19. Der Text folgt Gaupp-Stein, Bd. I S. 712 fg. Anm. II.

[17] Der rechtspolitische Grund dieser Bindung ist der, daß der Staat die Möglichkeit eines Irrtums des ersten Richters für geringfügiger achtet als den end-

abmarkungsanspruch, über den bereits einmal rechtskräftig erkannt ist, nicht noch einmal im Klagewege geltend gemacht werden dürfe[18] (exceptio rei iudicatae als prozeßhindernde Einrede). Eine solche Konsumtion des Anspruchs durch das rechtskräftige Urteil (früher sog. negative Funktion der exceptio rei iudicatae) ist dem heutigen Prozeßrechte fremd.[19] Es steht also nichts im Wege, den Grenzabmarkungsanspruch, über den bereits rechtskräftig erkannt ist, nochmals in litem zu deduzieren. Weil aber der zweite Richter an die Entscheidung des ersten Gerichts gebunden ist, so darf er niemals über denselben Anspruch eine abweichende Sentenz fällen. Und zwar muß er diese Bindung, sofern sie nicht schon von der Partei geltend gemacht wird (Einrede der rechtskräftig entschiedenen Sache) von Amtswegen beobachten.[20] Die Verfolgung des mit dem früheren Anspruche auf Abmarkung identischen Anspruchs in einem zweiten Prozesse ist also aussichtslos. Sie muß zur Abweisung der Klage als durch das frühere rechtskräftige Urteil erledigt führen.

Die Übereinstimmung des neu erhobenen Anspruchs mit einem bereits früher geltend gemachten wird erkannt aus der Vergleichung des Inhalts des Urteils, soweit es der Rechtskraft fähig ist, mit dem Inhalte der neuen Klage.[21] Eine Übereinstimmung zwischen

---

losen Streit der Parteien über dasselbe Rechtsverhältnis, die damit verbundenen Mühen und Kosten und die dadurch veranlaßte Minderung des Ansehens der Gerichte. Gaupp-Stein l. c.

18 Planck I S. 256, 257. Petersen-Anger, Anm. 2 und 7 zu § 322. Schwartz, absol. Rechtskr. S. 24 fg.

19 R.G. III C.S. vom 11. Mai 1880, Entsch. Bd. I S. 351; I C.S. vom 30. Juni 1886, Entsch. Bd. XVI S. 435. Motive I S. 375—376. Gaupp-Stein, I S. 713.

20 Auch dies ist streitig: Dagegen der Entw. I des B.G.B., der in § 191 II die Vorschrift enthielt: „Auf die Wirkung des rechtskräftigen Urteils kann verzichtet werden. Das Gericht darf dieselbe nur berücksichtigen, wenn sie geltend gemacht wird." Vgl. Motive I S. 373. Die Vorschrift ist indessen durch die II. Kommission gestrichen worden: Protokolle VI S. 142 fg., um der Wissenschaft nicht vorzugreifen. Allerdings stand auch die Mehrheit der II. Kommission auf dem Boden des I. Entwurfs. Protokolle Bd. I S. 253 fg. Gegen die Berücksichtigung von Amtswegen: Planck, B.G.B. Vorbem. I S. 45. Struckmann-Koch Anm. 5 zu § 322 S. 408. Der Text folgt: Gaupp-Stein, I S. 713, und Windscheid-Kipp § 131 Zusatz S. 582.

21 Vgl. Motive I S. 374. Kontrovers ist, ob auch die Entscheidungs-

dem neuen Klageanspruch und dem früheren Urteil liegt nur insoweit vor, als das neu zu erlassende Urteil a) zwischen denselben Personen ergehen soll, auf welche sich die Rechtskraft des früheren Urteils erstreckt und es b) zwischen diesen Personen in jeder Hinsicht durch die bereits früher ergangene rechtskräftige Entscheidung überflüssig gemacht ist. Dies wird in der Regel der Fall sein, wenn zwischen denselben Parteien u. s. w. in Bezug auf dasselbe Grundstück auf nochmalige Grenzabmarkung angetragen wird, es müßte denn inzwischen eine neue Verdunkelung der Grenzzeichen eingetreten sein. Dagegen macht das Urteil im Grenzabmarkungsprozesse eine spätere Eigentumsklage, sei sie nun in Form der rei vindicatio, der actio negatoria oder der Feststellungsklage erhoben, niemals überflüssig. Denn beides sind völlig selbständige, von einander verschiedene Rechtsbehelfe, die sich in keiner Weise ausschließen (S. § 10, VI S. 50 fg. oben).

§ 17.

Vollstreckung.

Litteratur: Dernburg, Sachenr. III § 87 S. 249 fg. v. Bülow § 773 fg. ä. F. S. 565 fg. Fitting § 122, II, III. Petersen-Anger zu §§ 887 fg. II S. 580 fg. Planck II § 191 fg. S. 785 fg. Seuffert zu § 773 ä. F. S. 565 fg. Schmidt S. 589 fg. Struckmann-Koch zu §§ 887 fg. S. 998 fg. Wilmowski-Levy zu § 773 ä. F. II S. 1044 fg. v. Bülow, „Glossen zur Civilprozeßordnung für das Deutsche Reich" Gruchot Bd. XXII S. 98 fg., insb. 128 fg. Kipp, die Verurteilung zur Abgabe von Willenserklärungen u. s. w. S. 93 fg.

---

gründe in Rechtskraft übergehen: Dagegen insb. R.G. V C.S. vom 23. X. 1886. Jur. Woch. 1886 S. 397; V C.S. vom 15. Juni 1887. Jur. Woch. 1887 S. 326 Nr. 1; IV C.S. vom 4. I. 1892, Entsch. Bd. 29 S. 345 fg.; IV C.S. vom 22. II. 1892. Jur. Woch. 1892 S. 180 Nr. 4; I C.S. vom 13. Mai 1896. Jur. Woch. 1896 S. 335 Nr. 14, ferner Seuffert S. 420, 421. v. Bülow S. 215. Petersen-Anger Anm. 5 zu § 322 I S. 680. Struckmann-Koch Anm. 2 zu § 322 S. 404. Dafür: Gaupp-Stein I S. 722. Planck C.P.O. I S. 463. Dernburg Pand. I § 168 bei Anm. 11.

Vielleicht lassen sich beide Ansichten dahin vereinigen: die Entscheidung muß allerdings, um rechtskräftig zu werden, in die Urteilsformel aufgenommen sein. Sinn und Zweck dieser Formel ergeben indessen erst die Entscheidungsgründe. Vgl. R.G. Bd. 25 S. 314; Bd. 33 S. 4; Bd. 36 S. 76; Bd. 38 S. 171.

I. Das verurteilende Erkenntnis im Grenzabmarkungsprozesse verurteilt den Beklagten: zur Mitwirkung bei der Errichtung oder Wiederherstellung fester, erkennbarer physischer Grenzzeichen und zur anteiligen Kostentragung.[1]

Das Urteil, welches diese Verpflichtung ausspricht, hat niemals die Wirkung einer Verfügung über Grundeigentum.[2] Es bedürfen deshalb diejenigen Sachlegitimierten, die zur Verfügung über Grundeigentum die Genehmigung des Vormundschafts- oder Nachlaßgerichts einzuholen haben, keiner solchen Genehmigung zur Vollstreckung des Grenzabmarkungsanspruches.

Die Verpflichtung, welche das Urteil ausspricht, ist eine eigentümliche, auf dem Nachbarverhältnisse beruhende. Sie soll die Kunde der verdunkelten Grenze in dem Nachbarn (Schuldner) wachrufen und dadurch zukünftigem Streite vorbeugen. Sie soll gleichzeitig ein offensichtliches Anerkenntnis des Schuldners darüber herbeiführen, daß das klägerische Eigentum bis zu der zu vermarkenden Grenzlinie reicht. Gleichwohl statuiert das Urteil, wie aus der Natur des geltend gemachten Anspruchs hervorgeht, keine höchst persönliche Leistung des jeweiligen Grundeigentümers, sondern einen Verwaltungsakt.[3] Es darf deshalb der Verurteilte jeden Dritten mit der Mitwirkung bei der Abmarkung an seiner Statt betrauen. Mit andern Worten das Urteil geht auf eine vertretbare Leistung. Dementsprechend erfolgt seine Vollstreckung.

II. § 887 C.P.O. Verweigert der Schuldner trotz des Urteils seine Mitwirkung bei der Abmarkung, so ist direkter Zwang gegen ihn ausgeschlossen. Nur mittelbar, indem der Gläubiger vom Prozeßgericht I. Instanz ermächtigt wird, die Abmarkung auf gemeinschaftliche Kosten vornehmen zu lassen, soll der widerstrebende Wille des Verurteilten gebeugt werden.

Den Beschluß des Gerichts, der die Ermächtigung gegen den säumigen Beklagten ausspricht, hat der Gläubiger durch seinen Antrag auszulösen. Zu diesem Ende ist zunächst ein vollstreckbarer Titel gegen den Schuldner auszuwirken. Vollstreckbare Urteile, die gegen einen passiv Legitimierten ergangen sind, gegen den die

[1] § 11 bei Anm. 2 S. 52 oben.
[2] § 10, VI am Ende S. 50, 51 oben.
[3] § 10, VI S. 50, 51 oben.

Vollstreckung nicht stattfinden kann, sind, sofern sie ihre Rechtskraft auf den wahren Schuldner erstrecken, gegen diesen zur Umschreibung zu bringen (§§ 727 fg. C.P.O.). So bedarf ein den Vorerben, den Testamentsvollstrecker verurteilendes Erkenntnis, welches nach Eintritt der Nacherbfolge bezw. Beendigung der Testamentsvollstreckung gegen den Nacherben, den oder die Erben vollstreckt werden soll, der vorherigen Umschreibung (§ 728 C.P.O.). Demnächst ist der vollstreckbare Titel dem Schuldner mit der Aufforderung zur Mitwirkung bei der Zwangsvollstreckung zuzustellen. Verweigert trotz erfolgter Zustellung und Aufforderung der Schuldner seine Mitwirkung, so ergeht Antrag des Gläubigers an das Prozeßgericht I. Instanz, ihn zur Vornahme der Abmarkung auf gemeinschaftliche Kosten zu ermächtigen. Mit diesem Ansuchen wird in der Regel der weitere Antrag verbunden, den Schuldner zur Vorauszahlung der Kosten zu verurteilen, welche durch die Vornahme der Abmarkung entstehen werden und auf seinen Anteil entfallen.[4]

Je nachdem das Prozeßgericht I. Instanz Amts- oder Landgericht ist, muß der Antrag durch einen Rechtsanwalt eingereicht oder privatschriftlich bezw. zum Protokoll des Gerichtsschreibers gestellt werden (§ 78 C.P.O.). Die Zuständigkeit des Prozeßgerichts ist eine ausschließliche und von Amtswegen zu beachtende (§ 802 C.P.O.). Das Gericht befindet über den Antrag nach erfolgter vorgängiger Anhörung des Schuldners (§ 891 C.P.O.). Dies ist Mußvorschrift. Mündliche Vernehmung ist nicht erforderlich, es genügt Aufforderung zur schriftlichen Erklärung innerhalb einer angemessen zu bestimmenden Frist,[5] nach deren fruchtlosem Ablauf das Verfahren seinen weiteren Gang nimmt.

Das Verfahren kann ein mündliches oder schriftliches sein.[6] In beiden Fällen sind Einreden und Beweiserhebungen nicht ausgeschlossen. Die Einreden sind indes durch die Vorschrift des § 767 C.P.O. beschränkt, daß Einwendungen, welche den durch Urteil festgestellten Anspruch selbst betreffen, im Wege der Klage geltend zu machen sind. Hiernach sind formale Einwendungen,

---

[4] § 16 A. S. 71 oben, S. 85 unten.

[5] Planck, C.P.O. II S. 790. Seuffert, Anm. 6 zu § 119 S. 175.

[6] Seuffert, Anm. 6 zu § 119 S. 175 fg.

welche das Vollstreckungsverfahren betreffen — Nichtigkeit des Titels, unterlassene Zustellung desselben u. s. w. — in dem entstehenden Vollstreckungsverfahren zulässig. Nicht dagegen die Einrede des Vergleichs, des erfolgten Anerbietens, bei der Abmarkung mitzuwirken u. s. w. Ist das Verfahren ein schriftliches, so entscheidet das Gericht nach dem Inhalte der Akten. Ist mündliche Verhandlung angeordnet, so entsteht die Frage, ob diese den allgemeinen Vorschriften über die mündliche Verhandlung unterliegt. Im Allgemeinen ist dies zu bejahen. Die Vorschriften der §§ 128 fg. über die mündliche Verhandlung finden dementsprechende Anwendung. Dagegen ist vornehmlich ein Versäumnisverfahren gegen die nicht Erschienenen ausgeschlossen. Denn die C.P.O. kennt keine Versäumnisbeschlüsse (III. Titel des ersten Abschnitts des zweiten Buches der R.C.P.O.). Und ebenso erfolgt — wie v. Bülow[7] aus der Geschichte der R.C.P.O. nachgewiesen hat — die Entscheidung über den Antrag des Gläubigers nicht lediglich auf Grund des Vorbringens der Parteien in der mündlichen Verhandlung. Diese hat vielmehr nur einen informatorischen Charakter. Sie wird von der Offizialmaxime beherrscht. Das Gericht klärt die Sachlage aus eigener Initiative, gleichgültig ob nun beide Parteien erschienen sind oder nur die eine. Ist keine der Parteien vertreten, so ergeht gleichwohl auf Grund des Akteninhalts eine Entscheidung.

Die Entscheidung ist, wie schon vorher angedeutet, Beschluß (§ 891 I C.P.O.[8]). Auf Grund des Beschlusses kann nunmehr der Gläubiger die Abmarkung entweder allein[9] oder mit einem dritten zusammen vornehmen oder endlich durch einen dritten vornehmen lassen.

Der Schuldner muß die Abmarkung und die infolge dessen notwendig werdenden Verrichtungen (Betreten seines Grundstücks, Einrahmen von Pfählen in demselben u. s. w.) dulden, die erfolgte Abmarkung, als wäre sie von ihm selbst vorgenommen, anerkennen. Sein widerstrebender Wille ist in Gemäßheit des § 892

---

[7] Beiträge zur Erläuterung des Deutschen Rechts (Gruchot) Bd. XXII S. 128 fg.

[8] R.G. II C.S. vom 14. Juni 1887, Entschdgn. in Civilſ. Bd. 18 S. 360.

[9] R.G. Bd. 18 S. 435 (14. September 1887, Ferien-Sen.).

C.P.O. durch Zuhülfenahme des Gerichtsvollziehers zu beugen. Verletzt der Schuldner die errichteten Grenzzeichen, so macht er sich strafbar (§§ 274 N. 2, 370 N. 1 R.St.G.B.).

Der mitwirkende dritte tritt nur zu dem Gläubiger in ein Vertragsverhältnis und kann sich wegen seiner Ansprüche nur an diesen halten. Seinerseits hat der Gläubiger dem Schuldner gegenüber die Pflichten des Geschäftsführers ohne Auftrag (§§ 677 fg. B.G.B.). Insbesondere ist er ihm über die Kosten Rechenschaft schuldig und haftet für Vorsatz und Fahrlässigkeit. Dagegen hat er wegen der besonderen Umstände des Falles hinsichtlich des von ihm beauftragten oder zugezogenen dritten lediglich für culpa in eligendo einzustehen.[10]

Die im Beschlusse enthaltene Verurteilung zur Vorauszahlung von Kosten lautet auf eine bestimmte Summe. Sie stellt einen vollstreckbaren Titel dar (§§ 793, 794 Ziff. 3 C.P.O.), ist also, bevor sie exekutiert werden kann, mit der Vollstreckungsklausel zu versehen, zuzustellen u. s. w. Deckt der vorgesehene Betrag den auf den Schuldner entfallenden Kostenanteil der Abmarkung nicht, so kann der Schuldner auf Antrag des Gläubigers zur Vorauszahlung eines weiteren Betrages verurteilt werden.

III. Findet sich der Schuldner zur Mitwirkung bei der Abmarkung bereit, so erfolgt diese nach den Vorschriften der Landesgesetze, und wo solche fehlen nach der Ortsüblichkeit. Dies ist vom B.G.B. mit Rücksicht auf die Macht des lokalen Herkommens ausdrücklich angeordnet[11] (§ 919 II B.G.B.). Ortsüblichkeit setzt die Bildung gewohnheitsrechtlicher Normen nicht voraus.[12]

Im landrechtlichen Preußen[13] kommen für die Grenzabmarkung

---

[10] R.G. V C.S. vom 13. April 1887 in Jur. Woch. 1887 S. 205, 206.

[11] Dernburg, Sachenr. S. 251—252.

[12] Planck, B.G.B. Bd. III Anm. 5 zu § 919.

[13] Im französisch-rechtlichen Preußen, sowie in Rheinhessen kommt der Art. 663 code civil in Betracht. Im Übrigen gelten folgende Landesgesetze: In 1. Bayern das Vermark.-Gesetz vom 16. Mai 1868 Art. 2, 12, 15 (Ges.-Bl. S. 573) und Ausf.-Ges. zum B.G.B. Art. 156. 2. Württemberg die Verfg. der Minister d. Just., des Innern u. der Finanzen vom 1. September 1899 (W. Reg.-Bl. 1899 S. 667 fg. §§ 26—37). 3. Sachsen: vacat. 4. Baden: das Landesgesetz vom 26. März 1852 (Reg.-Bl. 1852 Nr. XV S. 106) und das Gesetz vom 20. April 1854 (Reg.-Bl. 1854 Nr. XXI S. 199). 5. Hessen: das Gesetz die Feststellung

die Vorschriften §§ 362—371 I 17 des A.L.R. in Betracht, die das Ausführungsgesetz zum B.G.B. (Art. 89 Ziff. 1) ausdrücklich aufrecht erhalten hat. Hiernach ist zunächst bei der Abmarkung die Zuziehung eines Notars oder einer Gerichtsperson, die Aufnahme eines Protokolls und die Verwahrung desselben nicht mehr erforderlich.[14] Beansprucht eine der Parteien richterliche oder notarielle Mitwirkung u. s. w., so hat sie die Kosten dafür aus eigener Tasche vorzustrecken. Im Übrigen sind bei dem Verfahren sämtliche beteiligten Grenznachbarn zuzuziehen.[15] Die Auszeichnung der Grenzlinie erfolgt gemeinsam durch Gräben, Steine, Pfähle, Bäume, Grenzhügel (s. § 1 S. 7 oben) (§ 363). Die Mitwirkung eines Landmessers ist wohl selbstverständlich,[16] ebenso erforderlichenfalls die Zuhilfenahme von Arbeitern auf gemeinsame Rechnung. Grenzpfähle, Bäume, Steine müssen durch oberhalb des Bodens eingehauene oder durch untergelegte unverwesliche Merkmale: Eier-

und Erhaltung der inneren Grenzen betreffend vom 23. Oktober 1830, die Instruktion für Feldgeschworene vom 23. Februar 1833 und Ausf.-Ges. zum B.G.B. Art. 90. 6. Mecklenburg-Schwerin: vacat, nur für die Stadt Parchim gilt das Regulativ betr. das Verfahren bei Schlichtung von Grenzstreitigk. vom 21. Januar 1845 (Raabes Gesetzsamml. V S. 376 fg.) 7. Mecklenburg-Strelitz: vacat. 8. Oldenburg: vacat. 9. Braunschweig: vacat. 10. Sachsen-Meiningen: Gesetz vom 11. Juli 1859, die Landesvermessung betreff. (Samml. landesh. Verord. Bd. XIV S. 95), Gesetz vom 14. April 1882, betreffend die Versteinung von Liegenschaften (Samml. landesh. Ver. Bd. XXI S. 335). 11. Sachsen-Weimar: Gesetz vom 20. März 1851 über die Landesvermessung (R.Bl. 1851 S. 35), Ausf.-Verord. zu diesem Gesetze vom 12. März 1851 nebst Nachtrag (R.Bl. 1857 S. 33), Ges. vom 4. Juni 1869 betr. Abänderung des Landesverm.-Ges. (R.Bl. 1869 S. 241), Nachträg. zur Ausf.-Ver. vom 12. März 1851 de dato 25. Dezember 1871 (R.Bl. 1871 S. 271). 12. Sachsen-Altenburg: § 72 Ausf.-Ges. zum B.G.B. 13. Schwarzburg-Sondershausen: Art. 30 Ausf.-Ges. zum B.G.B. 14. Waldeck: Ges. ü. d. fr. Gbkt. Art. 23. 15. Lübeck: vacat. 16. Hamburg: vacat. 17. Bremen: vacat. 18. Elsaß-Lothringen: Feldgeschworenen-Ordnung vom 3. Juli 1886 (Elsaß-Loth. Land.-Centr.- u. Bez.-Amts-Bl. von 1886 Nr. 31). 19. Über die in Sachsen-Coburg-Gotha geltenden Rechtsnormen vgl. Heimbach, Lehrbuch des partikul. Privatrechts 1848 Bd. I § 176 S. 326, Jena (Cröker).

[14] § 388 I 17 A.L.R., der dies anordnete, ist gerade aufgehoben. Art. 89 Ziff. 1 Preuß. Ausf.-Ges. zum B.G.B. Allerdings ist die Zuziehung vielfach üblich und auch gesetzlich zulässig (Art. 31 Abs. 1 Pr. Fr.G.G. § 49 Pr. G.K.G.).

[15] Auch die nicht am Prozesse beteiligten Grenzinteressenten. Erscheinen sie allerdings der Ladung ungeachtet nicht, so wird ohne sie abgemarkt.

[16] Dernburg, Sachenr. S. 252.

schalen, Knochen, Asche, Steine bezeichnet werden (§ 367). Hier spielt also das uralte Geheimnis der Märker noch eine Rolle.[17] Wege, Fußsteige, Bäche sollen zur Bezeichnung der Grenze nicht verwandt werden (§ 369). Wo die Bezeichnung der Grenze nicht durch Raine oder Gräben, sondern durch Steine, Pfähle oder Hügel geschieht, müssen die Grenzzeichen so angelegt werden, daß der Grenzzug durch eine gerade Linie von einem zum andern bestimmt wird (§ 370).

IV. Was die Kosten anlangt, so verordnet das Gesetz (§ 919 III. B.G.B.), daß die Grenzabmarkung auf gemeinschaftliche Kosten zu erfolgen hat.[18] Stehen sich also lediglich Kläger und Beklagte gegenüber, so trägt an sich jeder von ihnen die Kosten der Abmarkung zur Hälfte. Sind mehr Beteiligte vorhanden, so hat jeder die Hälfte der Kosten zu tragen, die auf Abmarkung seiner Grenze entfallen.[19] Hier zeigt es sich wieder, daß das Grenzabmarkungsverfahren ein solches der freiwilligen Gerichtsbarkeit ist, welches seiner inneren Natur widersprechend auf den Prozeßweg verwiesen ist.[20] Hat ein Beteiligter die gesamten Kosten oder einen größeren Teil als davon auf ihn entfällt, verauslagt, so unterliegt sein Erstattungsanspruch der Verjährung. Denn die Vorschrift des § 924 B.G.B. bezieht sich nur auf den Abmarkungsanspruch als solchen.[21]

Kapitel V.

Die Grenzscheidungsklage.

§ 18.

Charakter der Klage. Unterschied von der Grenzabmarkungsklage einerseits, den Eigentumsklagen andererseits.

Litteratur: Motive III S. 270 fg. Protokolle III S. 126 fg. Rönnberg S. 280—284. Gaupp-Stein zu § 308 I S. 687 fg.

Vgl. im Übrigen die zu § 10 citierte Litteratur.

---

[17] § 2 Anm. 10 S. 11 oben.

[18] Es sei denn, daß ein unter den Parteien bestehendes Rechtsverhältnis (Rechtsgeschäft, Delikt ꝛc.) ein anderes ergiebt.

[19] Biermann zu § 919. Staudinger, Anm. 3 zu § 919.

[20] § 10, I S. 44 oben.

[21] Planck, B.G.B. Bd. III Note 7 zu § 919.

In unmittelbarem Anschluß an § 919 bestimmt das B.G.B. in § 920:

„Läßt sich im Falle einer Grenzverwirrung die richtige Grenze nicht ermitteln, so ist für die Abgrenzung der Besitzstand maßgebend. Kann der Besitzstand nicht festgestellt werden, so ist jedem der Grundstücke ein gleich großes Stück der streitigen Fläche zuzuteilen.

Soweit eine diesen Vorschriften entsprechende Bestimmung der Grenze zu einem Ergebnisse führt, das mit den ermittelten Umständen, insbesondere mit der feststehenden Größe der Grundstücke, nicht übereinstimmt, ist die Grenze so zu ziehen, wie es unter Berücksichtigung dieser Umstände der Billigkeit entspricht.“ [1]

Der Gesetzgeber macht hier einen Gedankensprung. Der grundlegende Rechtssatz:

Sind die Grenzen zweier Grundstücke verwirrt, so kann jeder Eigentümer Feststellung der richtigen Grenzen durch den Richter fordern

ist ausgelassen. Das Gesetz geht sofort in medias res über und trifft über Beweislast, Urteilsinhalt u. s. w. im Falle einer Grenzverwirrung Bestimmungen.

Der als selbstverständlich ausgelassene Rechtssatz ist aber für den Charakter des Anspruchs maßgebend. Die folgende Erörterung hat ihn zum Gegenstande.

I. Der Rechtssatz ist zunächst zu konstruieren. Die Konstruktion hat in unmittelbarem Anschluß an § 919 und unter Benutzung der im § 920 gegebenen Anhaltspunkte etwa dahin zu erfolgen:

Im Falle einer Grenzverwirrung (§ 920) kann der Eigentümer des einen Grundstücks von dem Eigentümer des Nachbargrundstücks verlangen (§ 919), daß dieser die Ermittelung der richtigen Grenze durch den Richter geschehen lasse (§ 920) und die ermittelte Grenze als die richtige anerkenne.[2]

Der unmittelbare sprachliche und inhaltliche Zusammenhang

[1] Wie dieser Gesetzestext entstanden ist, zeigt die Schlußtafel.

[2] Anders Endemann. II S. 277 Anm. 14: „Die Klage begehrt vom Beklagten Mitwirkung zur Grenzfeststellung.“

dieses Anspruchs mit dem im § 919 geregelten ergiebt, daß die Ansprüche auf Grenzabmarkung und Grenzscheidung ein- und denselben Rechtsboden entsprossen und eng mit einander verwandt sind. Hieraus folgt:

II. Grenzabmarkungs- und Grenzscheidungsklage sind Ansprüche, deren Erfüllung dem Gebiete der freiwilligen Gerichtsbarkeit angehört und die nur Rechtspolitik auf den Prozeßweg verwiesen hat.[3]

III. Beide Ansprüche setzen gegenwärtiges Eigentum am Grund und Boden voraus. Der Grenzscheidungsanspruch gehört also ebenso wie der Grenzabmarkungsanspruch zum Inhalte des Eigentums am Grundstücke. Er ist ein dinglicher Anspruch aus dem Eigentume. Die ihm gegenüberstehende Verpflichtung ist aber ebenso wie die dem Grenzabmarkungsanspruch entsprechende Obliegenheit auf die jeweiligen Nachbareigentümer lokalisiert.

IV. Der Grenzscheidungsanspruch des Deutschen Bürgerlichen Rechts ist ein rein dinglicher Anspruch aus dem Eigentume, kein Gemisch eines persönlichen und dinglichen Anspruchs, keine actio mixta. Das B.G.B. hat also mit Vorbedacht die gemeinrechtliche Lehre[4] fallen lassen, die das streitige Grenzstück im Miteigentum der Nachbarn befindlich erachtete und aus diesem Gemeinschaftsverhältnisse gegenseitige persönliche Rechte und Verbindlichkeiten erwachsen ließ. Denn diese Lehre war und ist irrtümlich. Es fehlt[5] nämlich an dem Gegenstande der Gemeinschaft, dem dritten gemeinschaftlichen Grundstücke neben den beiden verschiedenen Eigentümern gehörigen Nachbargrundstücken. Das streitige Grundstück ist keineswegs beiden Nachbarn gemeinschaftlich. Im Gegenteil, es steht gerade fest, daß es nicht ihnen beiden gemeinschaftlich gehört, sondern entweder nur dem einen oder dem andern oder jedem von beiden bis zu einer allerdings ungewissen Grenzlinie. Das Urteil führt also keine Auseinandersetzung von Miteigentümern herbei, es stellt die Grenze zweier, verschiedenen Personen gehörigen Grundstücke fest.

---

[3] Siehe § 10, I S. 44 oben.

[4] Siehe § 4 S. 21, 22 oben.

[5] Motive III S. 272.

Auch der Umstand ändert an dem Charakter des Anspruchs als eines rein dinglichen nichts, daß er auf ein Dulden und eine Willenserklärung des Verpflichteten (Anerkennung) gerichtet ist. Es gilt in dieser Hinsicht das oben[6] bezüglich des Grenzabmarkungsanspruchs Bemerkte. Auch hier ist die Person des Verpflichteten keine genau bestimmte. Sie wechselt beliebig, je nachdem das Eigentum am Nachbargrundstücke in andere Hände übergeht. Auch hier erschöpft sich der Anspruch nicht mit der einmaligen Duldung und Willenserklärung des Verpflichteten. Er tritt immer von neuem hervor, sowie eine neue Grenzverwirrung entstanden ist. Auch der Grenzscheidungsanspruch wirkt also, wenn auch mit lokaler Begrenzung, absolut. Er ist seiner Eigenart nach ein unverjährbarer dinglicher Anspruch.

V. Der Grenzscheidungsanspruch des B.G.B. ist keine actio duplex im gemeinrechtlichen und im preußisch-rechtlichen Sinne.[7] Das heißt: a) Jede der Parteien ist im Grenzscheidungsprozesse entweder Kläger oder Beklagter, nicht aber vertritt jede Partei beide Rollen. b) Es fehlt die beiderseitige Beweispflicht und Beweisnötigung. c) Das Urteil kann ohne Gegenangriff des Beklagten, wie ein solcher prozessual allein im Wege der Widerklage möglich ist, niemals eine Verurteilung des Klägers aussprechen. Das alles folgt aus dem Fundamentalsatz des modernen Prozeßrechts ne eat judex ultra petita partium, „das Gericht ist nicht befugt, einer Partei etwas zuzusprechen, was nicht beantragt ist" § 308 I C.P.O. Ohne Widerklage des Beklagten keine Verurteilung des Klägers.[8]

Dem Vorgetragenen scheint zu widersprechen, daß jedes Urteil

---

[6] § 10, III S. 47, 48 oben.

[7] Siehe § 4 S. 21, 22 oben, § 5 S. 31.

[8] Ebenso: Endemann, II S. 277 Anm. 14. Gaupp-Stein, Anm. Ia zu § 308 n. F. I S. 688. Neumann Anm. 3d zu § 920. Petersen-Anger Anm. 5 zu § 308 Bd. I S. 657. Planck, C.P.O. I § 73 S. 436. Planck, B.G.B. III Anm. 4a zu § 920. Seuffert, Anm. 2 zu § 279 ä. F. S. 402. Wilmowski-Levy, zu § 279 Anm. 1.

Dagegen: Dernburg Sachenr. S. 249. Engelmann S. 512. Leske I S. 400 Anm. 8. Struckmann-Koch zu § 308 Anm. 1 S. 385.

Zweifelhaft: Goldmann-Lilienthal S. 279 Anm. 1.

im Grenzscheidungsprozesse die Grenze festsetzen muß,[9] daß es dabei die Grenzbestimmung häufig in anderer Weise als es der Kläger begehrt, treffen, daß es insbesondere dem Kläger ein Minus dessen, was er verlangt, zuweisen wird. Indes, dieser Widerspruch ist nur ein scheinbarer. Was der Kläger mit der Grenzscheidungsklage begehren kann, ist nämlich nur die Ermittelung der richtigen Grenze durch die dem Richter zu Gebote stehenden Hilfsmittel des Staates. Um diese richterliche Handlung auszulösen, ist es wohl zweckmäßig, keineswegs aber notwendig, daß der Kläger seinerseits einen bestimmten Grenzzug als den mutmaßlich richtigen bezeichne. Das hieße den Kläger in den zahlreichen Fällen der objektiven Grenzverwirrung[10] zu einer Lüge nötigen. Nicht die Partei soll eine bestimmte Grenzlinie behaupten und beweisen. Sonst müßte sie, falls sie die von ihr bezeichnete Grenzlinie nicht voll und ganz als richtige nachwiese, unzählige Male auf Grenzscheidung antragen, ehe sie ihr Ziel erreichte. Der Richter soll die Grenze kraft seines Amtes „ermitteln". Hier zeigt es sich, daß der Grenzscheidungsanspruch ein Verfahren der freiwilligen Gerichtsbarkeit voraussetzt und seiner innersten Natur widersprechend auf den Prozeßweg verwiesen ist. Die Konsequenz dieser Ausführungen ist aber, daß der etwa vom Kläger bezeichnete Grenzzug der richterlichen Grenzermittelung höchstens als Anhaltepunkt, nicht als Begrenzung zu dienen hat,[10a] daß der Kläger — er mag aus Zweckmäßigkeitsrücksichten einen bestimmten Grenzzug als den mutmaßlich richtigen bezeichnen oder nicht — in re immer nur als Ermittelung der wahren Grenze verlangend angesehen werden muß: die Grenze laufe wie sie wolle.[10b] Und demgemäß enthält kein Grenzscheidungsurteil, es ziehe die Grenze, wie es wolle, eine Verurteilung des Klägers.

VI. Materiell ist sonach die Grenzscheidungsklage ein eigenartiger[11] dinglicher Anspruch, der zwar ebenso wie der Grenz-

---

[9] Siehe § 24 A. I S. 102 unten.

[10] Siehe § 4, I S. 22 oben, § 23, II S. 100 unten.

[10a] Ganz anders Planck B.G.B. Anm. 2c zu § 920.

[10b] Vgl. Ob.-Trib. 2. Sen. vom 25. V. 1871. Strieth. Arch. 82 S. 176 fg.

[11] Noch die Motive III S. 270 (siehe Rönnberg S. 273 fg.) erblickten in dem Grenzscheidungsanspruche — in romanistischer Anschauung befangen — eine

abmarkungsanspruch aus dem modernen Eigentumsbegriff zu erklären, indes von diesem wesentlich verschieden ist.

Was ist der Grenzscheidungsanspruch nun aber prozessual?[12] Als eine Leistungsklage könnte man ihn katalogisieren, wenn er nicht einen Rechtsanspruch darstellte, der eigentlich dem Gebiete der freiwilligen Gerichtsbarkeit angehört, der nur aus rechtspolitischen Rücksichten vor die ordentlichen Gerichte verwiesen ist, kurz, wenn er ein bürgerlicher Rechtsstreit im wahren Sinne des Wortes wäre.

Eine Feststellungsklage ist der Anspruch auf Grenzscheidung nicht. Begehrt wird nicht die Feststellung eines außerprozessual entstandenen Rechtsverhältnisses, auf dessen Entstehen das Urteil keinen Einfluß übt. Das Urteil soll im Gegenteil das Rechtsverhältnis erst selbst schaffen. Es soll bestimmen, wie weit das Eigentum jeder Partei am Streitstück reicht. Es soll die verdunkelten Eigentumsverhältnisse nicht nur entwirren. Es soll nötigenfalls Eigentum selbst neu schaffen. Ausgelöst soll also werden ein rechtschaffender Akt des Richters. So stellt sich denn die Grenzscheidungsklage recht eigentlich als eine Rechtsgestaltungsklage dar, als eine Klage gerichtet auf Erreichung eines rechtzeugenden Richteraktes.[13]

VII. Die Unterschiede der Grenzscheidungsklage von der Grenzabmarkungsklage einerseits,[14] den Eigentumsklagen andererseits treten nach dem Bisherigen scharf hervor.

Abart der Eigentumsklage. Diese Auffassung ist von der II. Kommission fallen gelassen worden. Protokolle III S. 129. Im B.G.B. ist der Grenzscheidungsanspruch zweifellos ein selbständiger. Ebenso: Biermann, Anm. 1 zu § 920. Cosack S. 160 fg. Dernburg, Sachenr. § 87 Anm. 4. Endemann, II S. 276 fg. Engelmann S. 512. Leske I S. 400 ꝛc. Matthiaß § 35 S. 81. Planck, B.G.B. III Anm. 1 zu § 920. Staudinger, Anm. 1 zu § 920. Turnau-Förster S. 301. Zweifelhaft: Neumann § 920: „ergänzt den Eigentumsschutz." (?)

Dagegen: Goldmann-Lilienthal S. 278, 279, welche die Auffassung der Motive vertreten und L. G. Meseritz I C.K. vom 14. XII. 1900. Posener Monatsschr. 1901 S. 60.

[12] Vgl. über das Folgende: Gaupp-Stein I S. 510 fg.

[13] Gegen den Begriff der Rechtsgestaltungsklage: Petersen-Anger Anm. I, 5 zu § 256 I S. 518. Siehe aber Langheineken § 12 S. 220 fg.

[14] Siehe § 10, VI S. 50, 51 oben.

1. Grenzabmarkungs- und Grenzscheidungsanspruch sind allerdings beides dingliche Ansprüche aus dem Eigentume. Aber:

Der Grenzabmarkungsanspruch setzt Einigkeit über den Grenzzug und den Mangel physischer Grenzzeichen voraus.

Der Grenzscheidungsanspruch verlangt Grenzverwirrung, Streit über die Grenze. Ob physische Grenzzeichen vorhanden sind oder nicht, ist dabei gleichgültig.

Bei der Grenzabmarkungsklage ist in lite die Verpflichtung des Nachbareigentümers, bei der Abmarkung mitzuwirken.

Bei der Grenzscheidungsklage ist Streitobjekt ein unbestimmter Teil des Grundstücks: der Grenzstreifen.

Das Urteil im Grenzabmarkungsprozeß ist reiner Verwaltungsakt. Es führt niemals eine Veränderung in den Eigentumsverhältnissen der Grundstücke herbei.

Das Urteil im Grenzscheidungsprozeß ist rechtschaffender Art. Es verändert die Eigentumsverhältnisse der Grundstücke. Das Urteil entspricht einer Verfügung über Grundeigentum.

2. Eigentumsklage und Grenzscheidungsklage sind ebenfalls beide dingliche Klagen. Aber:

Die Grenzscheidungsklage ist auf Grundstücke beschränkt.

Die Eigentumsklage kommt ebenso bei beweglichen Sachen vor.

Mit der Eigentumsklage nimmt der Grundeigentümer Eigentum an einem bestimmten, genau umgrenzten Grundstücke gegen jeden in Anspruch, der dies Eigentum nicht anerkennt.

Die Grenzscheidungsklage hat mit dem Streit um das Eigentum nicht nur nichts zu thun. Sie setzt Anerkennung des Eigentums an den durch den Grenzstreit berührten Grundstücken voraus. Verlangt wird Ermittelung der verworrenen Grenzen des beiderseits anerkannten Grundeigentums.

Bei der rei vindicatio ist das Eigentum am Grundstück in lite, und nur folgeweise erstreckt sich der Streit auf die Grenzen des Grundeigentums.

Bei der Grenzscheidungsklage sind die Grenzen der unbeweglichen Sache in lite, und nur folgeweise erstreckt sich der Streit auf den Umfang des Eigentumsrechts.

Das Urteil im Eigentumsstreit wirkt deklarativ.[15] Es stellt das verletzte Eigentum wieder her, es sichert das gefährdete gegen drohende Angriffe.

Das Urteil im Grenzscheidungsprozeß wirkt konstitutiv.[16] Es schafft als rechtsgründender Akt Eigentum am Grenzstreifen.

§ 19.

Klagegrund.

Litteratur: Siehe zu § 11.

I. Der Klageanspruch im Grenzscheidungsprozesse geht dahin (vgl. § 18 oben):

I. Die Grenze zwischen den Grundstücken der Parteien richterlicherseits zu regulieren (ermitteln).

II. Den Beklagten zu verurteilen, die richterlich ermittelte Grenze als die richtige anzuerkennen.

Die Praxis faßt den Klageanspruch in der Regel in folgende Klagbitte zusammen:

die Grenze zwischen den Grundstücken der Parteien in Richtung der Linie X. Y. auf gemeinschaftliche Kosten zu regulieren.

Diese Klagebitte weicht von der hier vorgetragenen nach zwei Richtungen hin ab:

a) Durch Angabe eines bestimmten Grenzzuges als des mutmaßlich richtigen. Das ist wegen eines möglichen Versäumnis- oder Anerkenntnisurteils praktisch zweckmäßig, aus dem Wesen des Anspruchs heraus aber nicht notwendig.[1] Den richtigen Grenzzug soll der Richter ermitteln, dessen Thätigkeit die Partei in Anspruch nimmt.[2] Auch dem prozessualen Erfordernisse einer bestimmten Sachbitte (§ 253 Nr. 2 C.P.O.) ist genügt, wenn auf Grenzermittelung schlechthin und Anerkennung dieser Grenze durch den Beklagten angetragen wird. Hier ist mit hinreichender Deutlichkeit

---

[15] Dernburg, Pand. I § 161 S. 381. Regelsberger I § 196 S. 699. Windscheid-Kipp I § 129 S. 566.

[16] Siehe § 24 A. II S. 108 unten.

[1] Ebenso Staudinger, Anm. 1 zu § 920 Bd. III S. 70. Dagegen L.G. Meseritz I C.K. vom 14. XII. 1900. Posen. Monatsschr. 1901 S. 60. Goldmann-Lilienthal S. 278, 279 Anm. 2.

[2] Siehe § 18, V S. 88 oben, § 23, II S. 100, 101 unten.

bezeichnet, was der Kläger begehrt. Die formalistische Notwendigkeit, einen ganz bestimmten Grenzzug als den richtigen anzugeben, würde den Kläger in den zahlreichen Fällen objektiver Grenzverwirrung zu einer Lüge nötigen. Das kann nicht der Wille des Gesetzes sein.[2a]

b) Durch das Verlangen, die Grenzregulierung auf gemeinschaftliche Kosten vorzunehmen. Das ist unrichtig, denn es wirft die Bestimmungen der §§ 919 und 920 durcheinander. Die Kosten der richterlichen Grenzregulierung, d. h. die Prozeßtaxe für die Beweisaufnahme, die Kosten einer etwaigen Lokalinspektion, die Gebühr für das grenzfestsetzende Urteil stellen die Prozeßkosten selbst dar. Sie fallen nach allgemeinen prozessualen Grundsätzen der Partei zur Last, welche im Rechtsstreit unterliegt. (§§ 91 fg. C.P.O.) Wohl zu unterscheiden von diesen Grenzregulierungskosten sind die Kosten für das Verfahren und die Art der Abmarkung, welche auf Grund der Grenzregulierung stattfindet und den Gegenstand eines besonderen Rechtsanspruches bildet. Nur diese Kosten der physischen Abmarkung (Verlagung, Versteinung) tragen beide Parteien nach der positiven Vorschrift des § 919 zu gleichen Teilen.

II. Zur Substantiierung der Grenzscheidungsklage gehört nach den vorausgegangenen Ausführungen folgendes:

1. Die Grundstücke müssen einander unmittelbar benachbarte sein. Darüber siehe oben § 11, I S. 52.

2. Der Grenzzug selbst muß:

a) ungewiß sein, so daß beide Nachbarn die wahre Grenze nicht anzugeben wissen (objektive Grenzverwirrung), oder

b) er muß streitig sein, so daß beide Nachbarn einen von einander abweichenden Grenzzug behaupten,[3] ohne jedoch ihr Eigen-

---

[2a] Wer je in Grenzstreitigkeiten praktisch thätig gewesen ist, weiß, daß die Angabe eines bestimmten Grenzzuges häufig völlig unmöglich ist. Grundbuch, Mutterrolle, Gemarkungskarte versagen eben nicht selten. Trotzdem sieht sich der Praktiker durch die Übung der Gerichte zur Angabe eines bestimmten Grenzzuges als des allein richtigen genötigt. Er wird also direkt zur Lüge gezwungen.

[3] Darunter fällt sowohl der Fall, daß beide Nachbaren eine bestimmte, aber von einander abweichende Grenzlinie behaupten, wie der weitere Fall, daß der eine Nachbar eine bestimmte Grenzlinie behauptet, während der Gegner sie bestreitet, ohne eine andere als richtig angeben zu können.

tum bis zu dieser Grenzlinie nachweisen[4] zu können (subjektive Grenzverwirrung).

Jede Grenzverwirrung ist völlig unabhängig von dem Mangel oder Vorhandensein physischer Grenzzeichen. Sie liegt insbesondere dann vor, wenn sich die Ungewißheit oder der Streit auf die Richtigkeit der Angaben des Katasters über die gemeinschaftlichen Grenzen bezieht.

Hinzuweisen ist hierbei auf folgendes. Während nach preußischem Rechte derjenige, der die Angaben des Katasters für sich hatte, sich auf den öffentlichen Glauben des Grundbuchs berufen und infolgedessen sein Eigentum nachweisen, also auch aus dem Eigentume klagen konnte,[5] ist dies nach der neuen Grundbuchgesetzgebung nicht mehr der Fall. Die Reichsgrundbuchordnung und das B.G.B. lehnen es ab, die Angaben des auf das Kataster zurückgeführten Grundbuchs über Größe, Lage ꝛc. der Grundstücke als zum Inhalte des Grundbuchs gehörig zu betrachten und den öffentlichen Glauben des Grundbuchs auf sie zu erstrecken.[6] Die Folge dieser veränderten Stellungnahme der Gesetzgebung zu den Angaben des Katasters wird eine große Vermehrung der Grenzstreitigkeiten sein, von denen bisher ein bedeutender Teil auf dem Wege der rei vindicatio zur Erledigung gebracht wurde. (Vgl. § 6, S. 35 fg. oben.)

3. Eine besondere Qualität der Nachbargrundstücke ist zur Substantiierung der Grenzscheidungsklage nicht erforderlich. Es gilt darüber das oben § 11, V S. 54 Ausgeführte.

4. Über die Kosten der Grenzscheidung im Gegensatze zu denen der Abmarkung ist bereits gesprochen. Siehe diesen § I b S. 93 oben.

---

[4] Vermag einer der Nachbaren sein Eigentum nachzuweisen, so hat er die rei vindicatio als Angriffs- oder Verteidigungsmittel. (Widerklage gegen Grenzscheidungsklage.)

[5] § 6 S. 35 fg. oben.

[6] Motive zur Grundbuchordnung. Amtliche Ausgabe S. 17. G.B.O. mit Materialien bei Heymann, Berlin, 4. Auflage 1899, S. 26. Vgl. Dernburg und Hinrichs, Preußisches Hypothekenrecht Bd. I § 17. Koppens, die Verbindung des Grundbuchs mit dem Kataster bei Gruchot XXXVI S. 319. Kuhlenbeck I § 892 Note 2. Endemann II S. 207. Neumann, Anm. II, 2c zu § 892. Turnau-Förster I S. 378.

§ 20.

Klagegrund. Fortsetzung. Aktiv= und Passivlegitimation.

Litteratur: Siehe § 12 oben.

I. Die Sachlegitimation für die Grenzscheidungsklage ist anders wie bei der Grenzabmarkungsklage durch das Gesetz nicht positiv normiert worden. Sie ist deshalb nach allgemeinen Rechtsgrundsätzen zu bestimmen. Maßgebend ist dabei folgendes: Sachlegitimation setzt Dispositionsbefugnis über das in Frage stehende Streitobjekt voraus. (Siehe § 12 S. 55 oben.) Streitobjekt ist bei der Grenzscheidungsklage im Gegensatz zur Grenzabmarkungsklage ein Teil des Grundstücks, der Grenzstreifen. Aktiv und passiv zur Grenzscheidungsklage legitimirt ist deshalb nur, wer über diesen Grenzstreifen verfügen darf, es sei denn, daß positiv gesetzliche Vorschriften ausdrücklich anderes bestimmen. Die Konsequenzen hieraus sind die folgenden:

II. 1. Aktiv und passiv zur Grenzscheidungsklage legitimiert sind die Eigentümer der benachbarten Grundstücke.

Eigentümer sind auch die Personen, deren Eigentumsrecht resolutiv bedingt oder durch einen Endtermin befristet ist (§§ 158, 163 B.G.B.). Eigentümer ist der Vorerbe, solange der Fall der Nacherbschaft noch nicht eingetreten ist (§§ 2100, 2139 B.G.B.). Denn diesen Personen steht, solange ihr Recht währt, nicht nur — wie oben § 12, I S. 56 hervorgehoben — Eigentum und Verwaltung am Grundstück, sondern die Dispositionsbefugnis[1] über das Grundstück zu.

Liegt auf der Aktivseite Miteigentum vor, so kann nach der positiven Bestimmung des § 1011 B.G.B. jeder Miteigentümer selbständig auf Grenzscheidung antragen. Denn gerade der Grenzscheidungsanspruch ist ein Anspruch aus dem Eigentume. (Siehe § 12, I 1 S. 56 oben.) Passiv sind dagegen nur alle Miteigentümer gemeinschaftlich klaglegitimiert. Der einzelne ermangelt der Dispositionsbefugnis über das Streitobjekt.

Stehen die Nachbargrundstücke im Miteigentume derselben Personen, so gilt das oben § 12, I, 1 S. 56 Bemerkte.

---

[1] Motive I S. 250 fg.; V S. 81 fg., und die § 12 Anm. 2 und 3 S. 55 citierten Autoren. Allerdings fallen hier Sachlegitimation und Rechtskraft auseinander. Siehe § 16 B. III S. 76.

II. 2. Sind nur die Eigentümer der Nachbargrundstücke klaglegitimiert oder erstreckt sich die Aktiv- und Passivlegitimation auch auf die am Grundstück dinglich Berechtigten? Darüber besteht Streit.[2]

Für Erstreckung der Sachlegitimation auf die dinglich Berechtigten beruft man sich auf die geschichtliche Entwickelung und die Motive.

Die Erstreckung der Sachlegitimation auf die dinglich Berechtigten ist unzutreffend.

Maßgebend für die Verneinung ist zunächst der Charakter der Klage, wie er oben (§ 18) entwickelt ward. Der unmittelbare sprachliche und inhaltliche Zusammenhang, in dem die §§ 919 und 920 mit einander stehen, ergiebt, daß die Sachlegitimation für den Grenzscheidungsanspruch keine andere sein kann als für den Anspruch auf Grenzabmarkung. (§ 12, I, 2 S. 57.)

Maßgebend für die Verneinung ist ferner die Art und Weise, wie die Grenzscheidungsklage in den beiden Entwürfen des B.G.B. behandelt worden ist. Die I. Kommission hat die Grenzscheidungsklage in romanistischer Weise behandelt. Ihrer romanistischen Auffassung entsprach deshalb in der That die Erstreckung der Sachlegitimation auf die Realberechtigten, wie sie die Motive (III S. 270) aussprechen. Die II. Kommission hat aber in der Grenzscheidungsklage nicht mehr die inter ipsos fundos verhandelte actio finium regundorum, sondern einen selbständigen Rechtsbehelf erblickt (Protok. III S. 129). Hier ward also der Charakter der Klage dem Preußischen Rechte angenähert und in dieser Gestalt ist der Entwurf Gesetz geworden.[3] Dem Preußischen Rechte war aber die Ausdehnung der Sachlegitimation auf die am Grundstücke dinglich Berechtigten gerade fremd.[4] Dasselbe gilt deshalb auch für die Grenzscheidungsklage des B.G.B.

[2] Für die Erstreckung: Leske I S. 400. Planck B.G.B. III Anm. 3 zu § 920. Dernburg, Sachenr. S. 250 (auf der Aktivseite). Dagegen: Biermann, Anm. 5 zu § 920. Cosack II S. 160. Fischer-Henle, Anm. 1 zu § 920. Matthiaß II § 35, I S. 81. Rönnberg S. 280. Unterscheidend: Goldmann-Lilienthal, Anm. 5 S. 279, 280. Neumann, Anm. 5 zu § 920. Turnau-Förster S. 301. Siehe darüber unten S. 97.

[3] Vgl. die Schlußtafel.

[4] Siehe § 5, III S. 32 oben.

Maßgebend für die Verneinung sind schließlich die Konsequenzen, zu denen die Erstreckung der Sachlegitimation führen würde. Das Gesetz sagt ausdrücklich:

„Kann der Besitzstand nicht festgestellt werden, so ist jedem Grundstücke ein gleich großes Stück der streitigen Fläche zuzuteilen."

Man setze den Fall, daß der Pfandgläubiger die Grenzscheidungsklage anstrengt. Kann dem Pfandgläubigen Land mit konstitutiver Wirkung zugeteilt werden? Das hieße ja, ihm Eigentum geben.

Mit Erstreckung der Sachlegitimation für die Grenzscheidungsklage auf die Realberechtigten ist es also nichts. Etwas anderes ist die Frage, ob man nicht den Realberechtigten, wenn ein Streit über die räumliche Erstreckung ihres Rechts am Grundstücke entsteht, einen der Grenzscheidungsklage nachgeformten Anspruch auf Feststellung der räumlichen Erstreckung ihres Rechts (actio utilis) erteilen soll.[5] Gegen diese nachgebildete Grenzregulierungsklage, welche nur die Dispositionsbefugnis über die Realberechtigung voraussetzt, sprechen keine rechtlichen Bedenken. Mit Erteilung dieser Klage werden aber auch die so stark betonten[6] Interessen der Realberechtigten an einem die räumliche Erstreckung ihres Rechts feststellenden Urteilsspruche genügend gewahrt. Also diese nachgeformte Klage auf Grenzregulierung der räumlichen Erstreckung ihres Rechtes am Grundstücke haben auch die Realberechtigten.[7]

Zu erörtern ist an dieser Stelle noch die Sachlegitimation des Erbbauberechtigten des Lehnsbesitzers und Fideikommißinhabers:

Der Erbbauberechtigte hat die Grenzscheidungsklage, was die räumliche Erstreckung seines Rechts am Grundstücke anlangt. Es gilt darüber das oben § 12 I, 2 S. 57 Bemerkte.

Der Lehnsinhaber und Fideikommißbesitzer ermangeln — was hier kontrovers ist[8] — der Aktiv- und Passivlegitimation

---

[5] Vgl. oben § 12 Anm. 7 S. 57.

[6] Dernburg, Sachenr. S. 250. Planck B.G.B. III Anm. 3 zu § 920.

[7] Ebenso: Motive III S. 273. Goldmann-Lilienthal, Anm. 5 zu S. 279, 280. Neumann, Anm. 5 zu § 920.

[8] Die alte Preußische Kontroverse (siehe oben § 5 III Anm. 11 S. 32) muß als übernommen bezeichnet werden, da das B.G.B. die Rechtsstellung des

zur Grenzscheidungsklage. Denn beiden fehlt die Dispositionsbefugnis über das Lehns- oder Fideikommißobjekt.[9]

II. 3. Sind Eheleute Eigentümer der in Betracht kommenden Liegenschaften, so ist der Güterstand in Rücksicht zu ziehen.

A. Der Fall, daß das beteiligte Grundstück zum Vorbehaltsgute eines der Ehegatten gehört, bleibt als selbstverständlich außer Betracht.

B. Gehört das Grundstück zum eingebrachten Vermögen,[1] so ist — ähnlich wie bei der Grenzabmarkungsklage — zu unterscheiden:

α) Auf der Aktivseite ist neben beiden Ehegatten nach der positiven Bestimmung des § 1380 nur der Mann klagberechtigt. Vgl. oben § 12, I, 3 B a S. 58.[11]

β) Auf der Passivseite ist es nur die Ehefrau. Vgl. oben § 12, I, 3 B b S. 59.[12]

C. Gehört das Grundstück zum gütergemeinschaftlichen Vermögen,[13] so gilt folgendes:

α) Auf der Aktivseite ist nach der positiven Bestimmung des § 1443 I B.G.B. nur der Ehemann klagberechtigt. Vgl. oben § 12, I 3 C a S. 59.[14]

β) Auf der Passivseite ist hier im Gegensatz zur Grenzabmarkungsklage (oben § 12, I, 3 C b S. 59) nur der Ehemann klagberechtigt. Denn es handelt sich hier um die Führung eines das gütergemeinschaftliche Vermögen betreffenden Passivprozesses. Und zur Führung eines solchen Prozesses genügt wohl die Passivlegitimation des Ehemannes hinsichtlich des gütergemeinschaftlichen Ver-

---

Lehnsinhabers und Fideikommißbesitzers ungeändert gelassen hat. (Art. 59 E.G. zum B.G.B.).

9 Ebenso Eccius-Förster IV S. 278 Anm. 79. Dagegen: Entsch. des Ob.-Trib. 3. Sen. vom 20. April 1849 bei Striethorst, Bd. II S. 79 fg.; 3. Sen. vom 3. Juli 1857, Striethorst, Arch. Bd. XXVI S. 75 fg.

10 Des gesetzlichen Güterstandes, der Fahrnis- oder Errungenschaftsgemeinschaft.

11, 12 Hier fallen Sachlegitimation und Rechtskraft auseinander. Siehe § 24 B. Ic S. 105.

13 Der allgemeinen oder einer partiellen Gütergemeinschaft.

14 Vgl. Anm. 11 und 12.

mögens (§ 1443 I B.G.B.), nicht aber die allgemeine Prozeßfähigkeit der Ehefrau.

II. 4. Konkursverwalter und Testamentsvollstrecker[15] sind zur Führung des Grenzscheidungsprozesses unbeschränkt sachlegitimiert (§§ 136 K.O. 2205, 2212, 2213 B.G.B.).

Anders der Zwangsverwalter. Denn ihm fehlt die Dispositionsbefugnis über die ihm anvertraute Liegenschaft. (§§ 152fg. Zw.V.G.)

II. 5. Der Prokurist ermangelt der Sachlegitimation, weil er zu Verfügungen über Grundstücke mangels spezieller Vollmacht nicht befugt ist. (§ 49 II. H.G.B.)

III. Was die Fälle der gesetzlichen Vertretung anlangt, so gilt das oben § 12, II S. 61 allgemein Bemerkte.

Hervorzuheben ist, daß die gesetzlichen Vertreter, welche zur Verfügung über Grundstücke der Genehmigung des Vormundschafts- oder Nachlaßgerichts bedürfen, dieser Genehmigung zur Führung der Grenzscheidungsklage nicht benötigen. Denn obschon die Prozeßführung hier zu einer Verfügung über Grundeigentum führen kann, so ist sie selbst doch niemals Verfügung.[16]

§ 21.
Gerichtsstand. Kosten.

Es gilt das oben § 13 S. 62 hinsichtlich der Grenzabmarkungsklage Bemerkte.

§ 22.
Klaghäufung.

Die Grenzscheidungsklage tritt in der Praxis höchst selten isoliert auf. Sie wird in der Regel mit der Abmarkungsklage und bezw. oder der Eigentumsklage verbunden. Hierdurch gestaltet sich die Substantiierung, die Sachlegitimation, Beweispflicht 2c. der Gesamtklage wesentlich anders als die der isolierten Klagen. Über die Zulässigkeit solcher Klagenverbindungen, die etwa möglichen Komplikationen 2c. gilt uneingeschränkt das in § 14 S. 63fg. Bemerkte.

---

[15] Beim Testamentsvollstrecker wird vorausgesetzt, daß er nicht lediglich verwaltender Testamentsvollstrecker ist. (§ 2209 B.G.B.)

[16] Vgl. im allgemeinen: Gaupp-Stein, Anm. VI zu § 51 Bd. I S. 144.

§ 23.
Verteidigungsmittel. Beweispflicht und Grenzermittelung ex officio judicis. Beweismittel.

Litteratur: Siehe oben zu § 15.

I. Verteidigungsmittel. Es gilt das oben § 15, I S. 67fg. hinsichtlich der Grenzabmarkungsklage Bemerkte.

II. Die Beweispflicht des Klägers umfaßt nach allgemeinen Rechtsgrundsätzen die Substantiierung der Klage, wozu insbesondere die Sachlegitimation gehört.

Der Kläger hat also unter Beweis zu stellen, a) daß er und sein Gegner zur Grenzscheidungsklage sachlegitimiert sind, b) daß ihre Grundstücke aneinander grenzen, c) daß hinsichtlich ihrer Grundstücke eine objektive oder subjektive Grenzverwirrung obwaltet.

Der Beklagte darf nach allgemeinen Grundsätzen hinsichtlich aller Behauptungen, die der Beweispflicht des Klägers unterliegen, den Gegenbeweis führen. Einwendungen, die über Substantiierung und Legitimation der Klage hinausgehen, muß er beweisen.

Die Praxis verlangt im Gegensatze hierzu des weiteren von den Parteien, daß sie die von ihnen als mutmaßlich richtig bezeichnete Grenzlinie auch als die richtige nachweisen.[1] Das ist irrtümlich. Es wirft Eigentums- und Grenzscheidungsklage durcheinander. Nicht die Parteien haben die von ihnen bezeichnete Grenzlinie als die richtige nachzuweisen. Die Angabe einer bestimmten Grenzlinie ist dem Wesen des Grenzscheidungsanspruchs nach überhaupt unerheblich und dient der richterlichen Bestimmung nur als Anhaltepunkt.[2] Der Richter soll die richtige Grenze auf Grund der ihm von den Parteien angetragenen Beweismittel, des amtlichen Augenscheins und Sachverständigengehörs ermitteln.[3] In diesem Offizialverfahren tritt gerade hervor, daß es sich um eine Angelegenheit der freiwilligen Gerichtsbarkeit handelt, die

---

[1] L.G. Meseritz I C.K. vom 14. XII. 1900, Monatsschr. f. Posen 1901 S. 60. Ebenso Goldmann-Lilienthal S. 278, 279 Anm. 2. Zweifelhaft Matthiaß II S. 81. Neumann, Anm. 1 zu § 920.

[2] Vgl. Staudinger, Anm. 1 zu § 920.

[3] Siehe § 18, V S. 88, 89 oben. Vgl. Biermann, Anm. 1 u. 2 zu § 920. Cosack S. 160fg. Leske I S. 400.

ihrer innersten Natur widersprechend auf den Prozeßweg verwiesen ist.[3a]

Für diese Grenzermittelung ex officio judicis stellt das Gesetz eine Anzahl von Leitsätzen auf, die grundlegend sind:

1. Die Ermittelung hat sich zunächst daraufhin zu richten, ob einer der Parteien an dem Grenzstreifen oder einem Teil desselben Eigentum zusteht. Soweit diese Ermittelung Eigentum feststellt, erfolgt Adjudizierung desselben.

2. Läßt sich Eigentum nicht ermitteln, so ist für die Abgrenzung maßgebend, wie weit gegenwärtig die thatsächliche Gewalt von einer der Parteien oder von beiden ausgeübt wird, also der Besitzstand (§ 854 B.G.B.). Der Besitzstand darf indes nicht durch verbotene Eigenmacht erlangt sein (§ 858 B.G.B.). Nur dem jüngsten fehlerfreien Besitzstand ist die Bedeutung einer Eigentumsvermutung zugestanden.

3. Kann der Besitzstand nicht ermittelt werden, schiebt sich also zwischen dem beiderseitigen Eigentum ein strittiger Streifen Landes ein,[5] so ist jeder Partei ein gleich großes Stück[6] dieser streitigen Fläche zuzuteilen.

[3a] Wenn das R.G. (V. C.S. vom 5. XI. 1898, Jur. Woch. 1898 S. 683 Nr. 78) ausführt: Zur Substantiierung der Klage gehört Angabe eines bestimmten Grenzzuges. Der Mangel dieser Angabe kann aber nicht zu einer Abweisung der Klage angebrachtermaßen führen, da es Sache des Vorsitzenden ist, den Kläger zu einem sachgemäßen Antrage zu veranlassen, so ist das ein juristischer Eiertanz. In der Praxis hat sich leider infolge dieser Entscheidung (soweit nicht das Anm. 2a zu § 19 S. 98 oben gekennzeichnete Verfahren beliebt wird) die Sache vielfach so gestaltet, daß zunächst darauf geklagt wird, die Grenze zwischen den Grundstücken der Parteien zu regulieren. Hat alsdann im Beweisverfahren Herstellung der Grenze durch den Katasterbeamten stattgefunden, so wird der Klageantrag dahin geändert die vom Katasterbeamten vermarkte Linie X. J. als die Grenze zwischen den Grundstücken der Parteien zu erklären.

[4] Motive III, 272. Biermann, Anm. 1 u. 2 zu § 920. Cosack II S. 160 fg. Dernburg II S. 249 („Gegen Besitzstand kann man sich auf Gesetz und Vertrag berufen"). Rönnberg S. 280, 281. Staudinger, Anm. 3a zu § 920. Ebensowohl auch Fischer-Henle, Anm. 3 zu § 920. Eine vorherige possessorische Klage ist unnötig.

[5] Staudinger, Anm. 3b zu § 920.

[6] Stehen mehrere Eigentümer einander gegenüber, so wird ihnen verhältnismäßig zugetheilt. Die Bonität bleibt völlig außer Betracht. Motive III S. 272.

4. Zieht die Feststellung der Grenze nach dem Besitzstande oder die Teilung des streitigen Landstreifens ein Resultat nach sich, das mit den ermittelten sonstigen Umständen, insbesondere der feststehenden Größe der Grundstücke nicht übereinstimmt,[7] so ist die Grenzverwirrung so zu lösen, wie es unter Berücksichtigung aller Umstände des Einzelfalls der Billigkeit entspricht.[7a]

5. Eine bestimmte Teilungslinie braucht dabei nicht eingehalten zu werden. Es sind verschiedene Linien zulässig, um die Halbteilung zu bewirken. Vornehmlich ist zu vermeiden, daß Grenzanlagen, Raine, Mauern, Gräben, Zäune, Bäume ꝛc. (siehe oben § 1 S. 7) etwa halbiert werden, weil sonst unleidliche Rechtsverhältnisse entstehen würden. Die Anlagen würden nämlich dem Eigentume nach körperlich geteilt sein, in Ansehung der Benutzung dagegen zu beiden Grundstücken gehören (§ 921 B.G.B.).[8]

Zur Ausführung der ihm ex officio obliegenden Grenzermittelung wird der Richter zu beschließen haben, daß die Grenze in Anwesenheit der Parteien durch das Gericht unter Zuziehung eines Sachverständigen (Katasterbeamten ꝛc.) festgestellt werde. An Ort und Stelle wird alsdann die Grenze aufgesucht und — in praxi — auch gleich vermarkt.

III. Über die Beweismittel gilt das oben § 17, III S. 70 hinsichtlich der Grenzabmarkungsklage Bemerkte.

§ 24.

Urteil. Rechtswirkungen desselben.

Litteratur: Siehe zu § 16 oben.

A. Das Urteil im Grenzscheidungsprozesse bietet im Gegensatze zum Grenzabmarkungsprozesse[1] Besonderheiten.

I. Es muß entweder auf Klagabweisung lauten oder eine Grenze festsetzen.[2] Die unbedingte Notwendigkeit richterlicher

[7] Beispiele bei Biermann Anm. 2 zu § 920. Cosack II S. 161. Staudinger Anm. 4 zu § 920.

[7a] Ebenso Ob.-L.G. Dresden 24. Mai 1901 im Recht 1901 S. 355 Nr. 1329.

[8] So lösen sich die von Gierke, Der Entwurf eines B.G.B. S. 327, 328, angeregten Bedenken.

[1] Siehe § 16 A. S. 71 oben.

[2] Ebenso Dernburg, Sachenr. S. 249. Engelmann S. 512. Gold=

Grenzfestsetzung im Urteile folgt schon aus der historischen Entwickelung.[3] Das Gesetz, welches für alle möglichen Grenzverwirrungsfälle eingehende Bestimmungen enthält und die schließliche Teilung der Streitfläche anordnet, läßt darüber auch keinen Zweifel.

II. Das grenzfestsetzende Urteil stellt nicht etwa auf Grund der Parteinachweise die richtige Grenze fest.[4] Sondern: weil keine der Parteien die wahre Grenze nachzuweisen vermag, schafft es die Grenze, es verordnet, wie die Grenze in Zukunft laufen soll. Das Urteil ist also rechtschaffender Akt, welcher auf der einen Seite Eigentum zuteilt, auf der andern Seite Eigentum nimmt. Es wirkt konstitutiv.[5] Wer dem Grenzscheidungsurteil lediglich deklaratorische Bedeutung zumißt, stellt wider Wortlaut und Sinn des Gesetzes eine Fiktion auf.

III. Anerkenntnis- und Versäumnisurteile sind unbeschränkt statthaft.[6] Hat der Kläger einen bestimmten Grenzzug als den richtigen in der Klagebitte bezeichnet, so lautet ihr Tenor wie bei den kontradiktorischen Urteilen etwa dahin:

I. Die Grenze zwischen dem Grundstücke des Klägers Grünhagen Nr. 11 und dem des Beklagten Weichselhof Nr. 22 wird gebildet durch eine Linie, welche läuft:

1. in gerader Richtung von dem in der Nordwestecke des klägerischen Grundstücks eingerahmten Holzpfahle bis zu der 50 m westlich davon stehenden einsamen Buche,

2. in gerader Richtung von dieser Buche bis zu dem 10 m südlich davon stehenden Basaltstein u. s. w.

---

mann-Lilienthal S. 279 Anm. 1. Leske I S. 400. Planck B.G.B. III S. 156, wohl auch Fischer-Henle, Anm. 7 zu § 920.

[3] Gemeines Recht. Siehe § 4, I bei Anm. 15 S. 23. Preußisches Recht. Siehe § 5, I bei Anm. 9 S. 31 oben.

[4] Vgl. § 18, V S. 88; § 23, II S. 100 oben.

[5] Ebenso: Biermann, Anm. 2 zu § 920. Cosack S. 161. Kuhlenbeck, Anm. 3 zu § 920. Leske I S. 400. Rönnberg S. 283. Dagegen (für deklaratorische Wirkung): Endemann II S. 276. Goldmann-Lilienthal S. 279 Anm. 3. Matthiaß S. 82. Planck B.G.B. Anm. 4b zu § 920. Turnau-Förster S. 301. L.G. Meseritz vom 14. XII. 1900. Posener Monatsschr. 1901 S. 60. Zweifelhaft: Neumann, Anm. 1 zu § 920.

[6] Über mögliche Teilurteile siehe § 14, I a. Ende S. 66.

II. Der Beklagte wird verurteilt, die ad I bezeichnete Grenzlinie als die richtige zwischen den Grundstücken der Parteien anzuerkennen.

Hat der Kläger auf Grenzscheidung schlechthin angetragen, so ergeht das Urteil dahin:

I. Die Grenze zwischen den Grundstücken der Parteien ist richterlich zu ermitteln,

II. Der Beklagte wird verurteilt, die richterlich ermittelte Grenze als die richtige anzuerkennen.

Auf Grund dieses Erkenntnisses hat alsdann der Kläger ein weiteres richterliches Verfahren der freiwilligen Gerichtsbarkeit zu erwirken (Art. 31 Abs. 1 Pr. Fr.G.G.), worin die Grenzen unter Zuziehung von Sachverständigen ermittelt und abgemarkt werden.[6a] Um dieser Weitläufigkeit zu entgehen, ist es zweckmäßig, einen bestimmten Grenzzug als den mutmaßlich richtigen in der Klagebitte zu bezeichnen. Das ist — wie hervorgehoben[7] — in der Praxis die Regel. Der Charakter der Klage wird aber hierdurch nicht berührt.

IV. Daß die Kosten der Grenzregulierung die Prozeßkosten selbst darstellen und von den Abmarkungskosten zu unterscheiden sind, ist bereits bemerkt.[8] Die Prozeßkosten trägt nach allgemeinen Rechtsgrundsätzen (§§ 91 fg. C.P.O.) der unterliegende Teil.

V. Über die Zulässigkeit des Rechtsmittelweges siehe oben § 16 A S. 71.

B. Rechtskraftwirkung.

I. Für den Umfang der Rechtskraftwirkung im Grenzscheidungsprozesse ist maßgebend, ob das Urteil auf Klagabweisung oder auf Grenzfestsetzung lautet.

Ergeht Urteil auf Klagabweisung, so gelten — abgesehen von

6a Unrichtig ist es dagegen, wie es in der Praxis vielfach geschieht, vollstreckbare Ausfertigung des Urteils an das Katasteramt zu schicken mit dem Ansuchen, die Grenzermittelung vorzunehmen. Die Grenzermittelung kann (im Gegensatze zur Abmarkung oben § 17 Anm. 14 S. 84) nur unter richterlicher Autorität erfolgen. Die Katasterbeamten sind denn auch durchaus im Rechte, wenn sie solche Anträge der Parteien, weil über ihre Befugnisse hinausgehend, ablehnen.

7 Vgl. § 19 I S. 92 oben.

8 Vgl. § 19 I b S. 93 oben.

selbstverständlichen Abänderungen — die oben § 16 B I—III S. 72 bis 76 für das Grenzabmarkungsurteil entwickelten Rechtsregeln.[9]

Anders, wenn das Urteil im Grenzscheidungsprozesse die Grenze selbst festsetzt:

Als rechtschaffender Akt wirkt nämlich das konstitutive Urteil im Grenzscheidungsprozesse, wenn auch aus dem Streite der Parteien erwachsend, weit über diese hinaus. Es ist schlechthin für jedermann bindend, es wirkt „für und gegen alle."[10] Ausnahmen von dieser Grundregel sind nur soweit zuzulassen, als das Gesetz sie vorschreibt. Für die Gesetzesauslegung ist dabei maßgebend, daß das Grenzscheidungsurteil einer Verfügung über Grundeigentum entspricht. Zu den Ausnahmen gehören:

a) Ein Urteil, welches für oder gegen den Grundeigentümer ergeht, dessen Eigentumsrecht resolutiv bedingt oder durch einen Endtermin befristet ist, wirkt nicht für oder gegen denjenigen, an den das Grundstück nach Eintritt der Bedingung oder des Endtermins zurückfällt. (§§ 161, 163 B.G.B.)
b) Das von einem einzelnen Miteigentümer erstrittene Grenzscheidungsurteil bindet die andern Gemeinschafter nicht. (§§ 1011, 747 B.G.B.)
c) Eingebrachtes Frauenvermögen. Der Ehemann ist wohl aktiv, die Ehefrau passiv zur Grenzscheidungsklage legitimiert. Das für oder gegen den einen Ehegatten ergangene Urteil entbehrt der Wirkung gegenüber dem andern Ehegatten. (§ 1380 II B.G.B. § 739 C.P.O.)
d) Gütergemeinschaftliches Vermögen. Das von dem aktiv legitimierten Ehemann erstrittene Urteil entbehrt der Wirkung gegenüber der Ehefrau. (§ 740 C.P.O. regelt die Übereinstimmung von Rechtskraft und Passivlegitimation.)
e) Das von einem Vorerben erstrittene Grenzscheidungsurteil wirkt niemals gegen den Nacherben. (§ 326 II C.P.O.)[11]

---

[9] Vgl. Gaupp-Stein, zu § 325 I S. 736 fg.

[10] Vgl. Cosack II S. 161. Gaupp-Stein l. c. Windscheid-Kipp I § 132 S. 586 Anm. 13.

[11] Dagegen wirkt das für oder gegen den Testamentsvollstrecker ergangene

Wie in den Fällen relativer Rechtskraft Abhülfe möglich ist, darüber vgl. oben S. 76 § 16 B III.

II. Was den Inhalt der Rechtskraftwirkung anlangt, so gilt das oben § 16 B IV S. 77 fg. Bemerkte.

Abweichend gestaltet sich hier nur ein Punkt, die Beantwortung der Frage, wann der neu erhobene Anspruch mit einem bereits früher geltend gemachten, rechtskräftig entschiedenen dergestalt übereinstimmt, daß der Richter des zweiten Prozesses an die im ersten Prozesse erlassene rechtskräftige Entscheidung gebunden ist. Da nämlich sowohl die Eigentumsklage wie die Grenzscheidungsklage das Eigentum am Grenzstreifen zum Gegenstande haben — die erste implicite, die andere ex professo —, so ist der Richter des evtl. zweiten Prozesses an die Entscheidung des I. Gerichts insofern gebunden, als sie Eigentum an dem Grenzstreifen positiv oder negativ feststellt.[12] Beispiele: 1. Geklagt war auf Grenzscheidung. Der Richter hat das streitige Grenzstück unter die Parteien A und B geteilt. Nimmt A nunmehr das B zugeteilte Grenzland mit der rei vindicatio in Anspruch, so steht ihm die exceptio rei iudicatae entgegen. Der zweite Richter ist an die Entscheidung des ersten, welche Eigentum des B konstituiert hat, gebunden. 2. A hat einen Grenzstreifen mit der rei vindicatio beansprucht. Er ist wegen mangelnden Eigentums abgewiesen. Trägt A nunmehr auf Grenzscheidung an, so darf ihm der zweite Richter den Landstreifen nicht mehr, weil ihm gehörend, zuteilen. Er ist an die Entscheidung des I. Gerichts gebunden, wonach dieser Landstreifen dem A eben nicht gehört. Wohl aber kann die weitere Ermittelung, daß A den Landstreifen fehlerfrei besitzt oder, wenn der Landstreifen von keiner Seite besessen wird, die endliche Teilung desselben unter die Parteien dazu führen, daß A den Landstreifen ganz oder zum Teil adjudiziert erhält.

Urteil auch für und gegen die Erben (§ 327 C.P.O.). Das gegen den gütergemeinschaftlichen Ehemann ergangene Urteil wirkt gegenüber der Ehefrau (§ 740 C.P.O.).

[12] Vgl. Dernburg, Anm. 8 zu § 87.

§ 25.

Vollstreckung.

Litteratur: Kipp, Die Verurteilung zur Abgabe von Willenserklärungen und zu Rechtshandlungen (1892).

Das grenzfestsetzende Urteil im Grenzscheidungsprozesse stellt a) den Grenzzug selbst fest und verurteilt b) den Beklagten, die richterlich festgesetzte Grenzlinie als die wahre anzuerkennen.[1]

Eine Vollstreckung dieses Urteils ist nur insoweit möglich, als auf Grund desselben eine Berichtigung des Grundbuchs und des Katasters herbeigeführt werden kann.[2]

Obschon diese Vollstreckung in zahlreichen Fällen einer Verfügung über Grundeigentum entspricht, gehört sie doch dergestalt zur Prozeßführung, daß Vormünder 2c. einer Genehmigung der Vormundschaftsbehörde zur Vollstreckung ebensowenig bedürfen, wie zur Prozeßführung selbst. Die Zustimmung oder Nichteinwilligung des Vormundschaftsgerichts wäre auch bedeutungslos, da der Gegner, der jedenfalls an die Zustimmung der Aufsichtsbehörde nicht gebunden ist, die Berichtigung vom Grundbuch und Kataster seinerseits herbeiführen könnte.

Bevor die Vollstreckung zulässig ist, muß das Urteil die Rechtskraft beschritten haben, da vorher die Anerkennungserklärung des Schuldners nicht als erfolgt gilt. (§ 890 C.P.O.) Die Eintragung eines Widerspruches zwecks Sicherung künftiger Berichtigung des Grundbuchs (§ 895) ist ausgeschlossen, da ein Widerspruch nur der Sicherung von dinglichen Rechten dient und in Beziehung auf die Berichtigung thatsächlicher Angaben unzulässig ist.[4]

Die Vollstreckung geschieht — in Preußen — derart, daß vollstreckbare Ausfertigung des rechtskräftigen Urteils (nach Zustellung

---

[1] Vgl. § 24 A. III S. 103 oben.

[2] Falsch: Staudinger, Anm. 5 zu § 920: „eine Zwangsvollstreckung giebt es nicht."

Über die Berichtigung des Katasters trifft das Landesrecht Bestimmung. Vgl. für Preußen die Just.-Min.-Verordnungen vom 29. V. 1873 und vom 26. Juni 1875.

[3] Seuffert, Anm. 2 zu § 779.

[4] Cosack Bd. II § 179 S. 36.

an den Gegner) dem zuständigen Katasteramte eingereiht wird, mit dem Ansuchen, Flurbuch, Mutterrolle rc. danach zu berichtigen sowie dem Grundbuchamte Nachricht von der erfolgten Berichtigung nach Formular VII zu geben.[5] In Gemäßheit des berichtigten Katasters sind alsdann im Bestandteilsverzeichnisse des Grundbuchs die neuverteilten Grenzflächen dem einen Grundstücke zuzulegen, von dem andern abzuschreiben. Zu Zwecken dieser im ordentlichen Rechtswege erfolgenden Grundbuchberichtigung ist ein Verfahren gemäß §§ 458—465 I 20 A.L.R. nicht erforderlich, da diese Vorschriften nur für Gemeinheitsteilungen gelten.[6] Die Grundbuchberichtigung erfolgt vielmehr ohne daß die Realrechte, welche die neuverteilten Grenzflächen belasten, mitübertragen werden. Ein singulärer Fall pfandfreier Abschreibung! Auch auf den Hypotheken- und Grundschuldbriefen rc. ist die Entpfändung bezw. Neubelastung nicht zu vermerken. Sie brauchen deshalb nicht eingereicht resp. eingefordert zu werden.

Zu weitläufig erscheint dagegen das von Turnau-Förster[7] angegebene Verfahren. Hiernach wären zunächst durch das Katasteramt die Größenverhältnisse der neuverteilten Flächen festzustellen. Sodann müßte der siegende Teil in einem besondern Rechtsstreite darauf antragen, den Gegner zu verurteilen, darin zu willigen, daß die streitige Fläche von seinem Grundstücke ab- und dem Grundstücke des Klägers pfandfrei zugeschrieben werde.

Ist mit der Grenzscheidungsklage die Grenzabmarkungsklage verbunden worden, so erfolgt deren Vollstreckung in Gemäßheit der in § 17 oben dargelegten Grundsätze.[8]

---

[5] Ziff. V der Minist.-Verordn. vom 26. Juni 1875.

[6] Turnau-Förster Bd. I S. 587.

[7] Turnau-Förster Bd. I S. 225.

[8] Zu bemerken ist, daß in der Regel im Grenzscheidungsprozesse eine Abmarkung der Grenze stattgefunden haben wird. (Siehe oben § 23 II am Ende S. 102.) Es erübrigt sich alsdann eine besondere Vollstreckung des Abmarkungsanspruches.

Synoptische Darstellung

der

Bestimmungen über die Grenzabmarkungs- und die Grenzscheidungsklage nach dem B.G.B. und seinen Entwürfen.

Entwurf I.	Entwurf II.	Bundesrats-entwurf.	Reichstag-vorlage.	B.G.B.
§ 851. Der Eigentümer eines Grundstücks hat gegen den Eigentümer eines Nachbargrundstücks den Anspruch auf dessen Mitwirkung zur Errichtung fester Grenzzeichen und, wenn Grenzzeichen verrückt oder unkenntlich geworden sind, zur Wiederherstellung derselben. Die Kosten der Abmarkung sind von den beteiligten Nachbarn zu gleichen Teilen zu tragen, unbeschadet der Haftung eines Nachbarn aus einem demselben zur Last fallenden Verschulden. Das Verfahren bei der Abmarkung und die Art derselben bestimmen sich nach den Landesgesetzen und in Ermangelung landesgesetzlicher Vorschriften nach der Ortsüblichkeit.	§ 882. Der Eigentümer eines Grundstücks kann von dem Eigentümer eines Nachbargrundstücks verlangen, daß derselbe zur Errichtung fester Grenzzeichen und, wenn ein Grenzzeichen verrückt oder unkenntlich geworden ist, zur Wiederherstellung mitwirkt. Die Art der Abmarkung und das Verfahren bestimmen sich nach den Landesgesetzen; enthalten diese keine Vorschriften, so entscheidet die Ortsüblichkeit. Die Kosten der Abmarkung sind von den Beteiligten zu gleichen Teilen zu tragen, sofern sich nicht aus einem zwischen ihnen bestehenden Rechtsverhältnis ein Anderes ergiebt.	§ 904. gleichlautend mit Entwurf II.	§ 903. gleichlautend mit Entwurf II.	§ 919. Der Eigentümer eines Grundstücks kann von dem Eigentümer eines Nachbargrundstücks verlangen, daß dieser zur Errichtung fester Grenzzeichen und, wenn ein Grenzzeichen verrückt oder unkenntlich geworden ist, zur Wiederherstellung mitwirkt. Die Art der Abmarkung und das Verfahren bestimmen sich nach den Landesgesetzen; enthalten diese keine Vorschriften, so entscheidet die Ortsüblichkeit. Die Kosten der Abmarkung sind von den Beteiligten zu gleichen Teilen zu tragen, sofern nicht aus einem zwischen ihnen bestehenden Rechtsverhältnisse sich ein Anderes ergiebt.

§ 852.	§ 833.	§ 905.	§ 904.	§ 920.
Wird im Falle einer Grenzverwirrung die richtige Grenze nicht erwiesen, so ist als die richtige Grenze diejenige Linie anzusehen, welche dem Besitzstande entspricht, und wenn auch ein solcher nicht erwiesen wird, diejenige Linie, durch welche jedem der beteiligten Grundstücke ein gleich großes Stück des streitigen Flächenabschnittes zugeteilt wird.	Läßt sich im Falle einer Grenzverwirrung die richtige Grenze nicht ermitteln, so ist für die Abgrenzung der Besitzstand maßgebend. Kann der Besitzstand nicht festgestellt werden, so ist jedem der Grundstücke ein gleich großes Stück der streitigen Fläche zuzuteilen. Soweit eine diesen Vorschriften entsprechende Bestimmung der Grenze zu einem Ergebnisse führt, das mit den ermittelten Umständen, insbesondere mit der feststehenden Größe der Grundstücke, nicht übereinstimmt, ist die Grenze so zu ziehen, wie es unter Berücksichtigung dieser Umstände der Billigkeit entspricht.	gleichlautend mit Entwurf II.		Läßt sich im Falle einer Grenzverwirrung die richtige Grenze nicht ermitteln, so ist für die Abgrenzung der Besitzstand maßgebend. Kann der Besitzstand nicht festgestellt werden, so ist jedem der Grundstücke ein gleich großes Stück der streitigen Fläche zuzuteilen. Soweit eine diesen Vorschriften entsprechende Bestimmung der Grenze zu einem Ergebnisse führt, das mit den ermittelten Umständen, insbesondere mit der feststehenden Größe der Grundstücke, nicht übereinstimmt, ist die Grenze so zu ziehen, wie es unter Berücksichtigung dieser Umstände der Billigkeit entspricht.

Druck von A. W. Hayn's Erben, Berlin und Potsdam.

FSC
www.fsc.org
MIX
Papier | Fördert gute Waldnutzung
FSC® C083411

Kolibri 360 GmbH
Ferdinand-Jühlke-Straße 7
99095 Erfurt, Deutschland
produktsicherheit@kolibri360.de